沉默的守夜人

——注册会计师的前世今生

井波 著

立信会计出版社

图书在版编目(CIP)数据

沉默的守夜人：注册会计师的前世今生 / 井波著.
—上海：立信会计出版社，2024.1
ISBN 978-7-5429-7492-1

Ⅰ．①沉… Ⅱ．①井… Ⅲ．①注册会计师业－历史－中国 Ⅳ．①F233.2

中国国家版本馆 CIP 数据核字(2024)第 024800 号

策划编辑　王斯龙
责任编辑　王斯龙
美术编辑　吴博闻

沉默的守夜人——注册会计师的前世今生
CHENMO DE SHOUYEREN ZHUCE KUAIJISHI DE QIANSHI JINSHENG

出版发行	立信会计出版社		
地　　址	上海市中山西路 2230 号	邮政编码	200235
电　　话	(021)64411389	传　真	(021)64411325
网　　址	www.lixinaph.com	电子邮箱	lixinaph2019@126.com
网上书店	http://lixin.jd.com		http://lxkjcbs.tmall.com
经　　销	各地新华书店		
印　　刷	常熟市人民印刷有限公司		
开　　本	710 毫米×1000 毫米	1/16	
印　　张	13.5		
字　　数	190 千字		
版　　次	2024 年 1 月第 1 版		
印　　次	2024 年 1 月第 1 次		
书　　号	ISBN 978-7-5429-7492-1/F		
定　　价	58.00 元		

如有印订差错，请与本社联系调换

百年职业　梦之所系

生命和文明的历程充满了悲欢。

中国注册会计师行业从1918年在中国"诞生"至今,已经走过了一百多年。

对于一个人来说,百年的时光可能已经是一生;但是对于中国注册会计师这个行业而言,百年的时光不过让她从一个稚嫩的婴儿成长为一个朝气蓬勃的少年。

这一百多年来,中国注册会计师行业与中华民族一样,虽历尽苦难艰辛但矢志不渝。她的历史,也同样与中华民族的历史紧紧相连,水乳交融,从未分开。

在这一百多年里,有着人类历史上最悠久的农业文明的中华民族,在与西方工业文明的较量中历经挫折。经过不断的反省、不断的探索、不断的追赶、不断的流血牺牲,中国终于实现了重生与崛起,亿万人用他们的青春、热血与生命,谱写出中华民族伟大复兴的辉煌乐章。这个征程如此刻骨铭心,激励着我们勇毅前行。

1918年9月,谢霖以当时中国只能聘请外国注册会计师进行公证,造成"国人之含冤不白者,不可胜计"为由,向北洋政府申请建立中国注册会计师制度并很快得到批准。自此中国注册会计师注定了具有"公众利益守夜人"这个天职,或者说,中国注册会计师诞生的基因决定了其必然要成为经济领域的"守门人"。

中国会计和审计的历史几乎与我们的文明一样古老,但自明朝中后期开始式微。中国注册会计师自诞生起,除了履行"审计"这个公众利益守夜人的天职,还承担着向西方学习、追赶乃至创新超越的重任。小到一家公司的创立与成长,大到一个政府乃至国家的兴衰危亡,都与会计和审计的发展程度息息相关,这是一般人很不容易认识到的。会计和审计界的泰山北斗潘序伦曾当面顶撞时任国民政府教育部部长的陈立夫:"国家好比一架飞机,一翼是军工科技,一翼是财经会计,只有这样,国家才能腾飞于世界民族之林。"远有迅速垮台的国民政府,近有20世纪90年代经济改革失败的俄罗斯,可证此言不虚。

据我对潘序伦先生的了解,在潘先生的心中,会计、审计本身就是科学技术的一个组成部分。在他与徐永祚先生的那场著名的关于中国"会计改良"路径的争辩中,潘先生认为会计属于一种科学技术,因而坚持用一步到位的改革来革新中国的会计行业,不赞同徐先生代表的改良派所主张的渐进式改良。尽管潘序伦先生的观点在当时的条件和环境下未免操之过急,但是他坚持"会计是一门科学技术"的观点我深表赞同。非但如此,几十年的从业经验和学习思考让我深刻感受到,仅仅从纯专业技术的角度出发来要求自己,我是不可能成为一名合格的注册会计师的。注册会计师的成长需要人文精神的滋养,更直接地说,人文和会计本来就是一个整体,不可分离。文学、历史、哲学乃至人类的全部优秀文化,构成了人文会计的基石与精神内核。人文会计是会计行业身份和独特个性的象征,是会计人赖以栖息的精神家园。

井波的这本《沉默的守夜人》,更加印证了我的这个想法。

这位年轻的注册会计师用了数年时间,以哲学的幽思追忆了中国注册会计师从诞生到今天的整个发展历程,真挚动人,这本书是不可多得的关于中国注册会计师行业历史的通俗读物。为了把中国注册会计师的来由讲清楚,他用了整整三章的篇幅,追溯了西方注册会计师诞生和发展的四百多年的历史。历史最动人的地方,在于当我们沉浸其中时,我们和书中的人物同悲欢、共喜乐,仿佛经历了一个又一个全新的人生。联想起自己的职业生涯,我不禁感慨万千。

  与这片土地一样,注册会计师正在向着自己的梦想迈进。一代又一代人的付出,让今天的我们如此接近梦想。中华文明的火炬正在我们的手中熊熊燃烧。我们的责任和使命是守护、发展和传承。为此,我们愿付出一切。

张连起

自序

把女人当男人使；

把男人当牲口使！

在会计师事务所工作的人常常用这两句话来调侃自己。

根据我的经验，在北上广深等一线城市的大型会计师事务所中，这句话并不算调侃。当然，有人会说，注册会计师是个高收入的职业，苦些累些也是应该的，这话我举双手赞成。相比于普通的工薪阶层，注册会计师的薪酬待遇确实还算不错，至少算得上中等，有一部分甚至能算中等偏上。但是，并不是在会计师事务所工作的人都是注册会计师，也不是取得了注册会计师资格的人马上就能取得中等甚至是中等偏上的收入，实际情况相当复杂，一两句话根本说不清楚。能让从业者享受中等偏上薪资的地方不是没有，比如"四大"（指全球最有实力的四大会计师事务所，即普华永道、毕马威、德勤、安永）。如果您能进入"四大"工作，并且能够熬到经理以上职位，成为一名"金领"问题不大。不过在这个行业内还有一句话用来形容这些"四大"中的"奥迪特"（英文auditor的音译，审计人员），那就是：一年买车，两年买房，三年买棺材！这虽是一句戏谑的话，但在一定程度上反映了审计人员工作的不易。

说了这么多，并不是要抱怨注册会计师这个职业有多么辛苦，如今比注册会计师辛苦的职业多的是，比如投行职员，或者制造业工人。再说，我们就是靠这个吃饭的,做什么职业就要干什么活,有什么好抱怨的?事实上,能够进入这个行业的人,基本具备吃苦耐劳的品格且意志坚定,否则,仅仅是那个号称中国最高难度的注册会计师资格考试(也许算不上最难,但绝对是最难之一!做我们这行的没有几个不参加这个考试的,考不考得过另说)就足以让那些意志薄弱者望而却步。

众所周知,注册会计师在西方被看成市场的"看门狗",在中国则被称为经济警察、资本市场的守门人、社会公众利益的守夜人。作为个人,我本人倾向于张连起老师的意见:我们是社会公众利益的守夜人。这个说法更有诗意,也更真实地反映了这个行业存在的本质。既然是守夜人,中国的注册会计师理所当然就是中国经济领域高水平的守夜人。不过,这个守夜人显得如此沉默,在这个喧嚣的时代几乎听不到他的声音——读者们很难在书刊上、报纸上、广播里、电视上,甚至是互联网上看到他的身影,让我这个有着多年从业经验的注册会计师不免有些耿耿于怀。这其中的原因有很大一部分是我们的身份特殊:注册会计师签发的审计报告是具有高度证明力的法律文件,我们的话一旦在媒体和网络上发出,即使明确表示不是在发表审计意见,也难免会被人们误解成在对所谈及对象进行近似法院判决的职业判断,其后果难以预料。尤其是在所谈及对象明确而具体时,任何学者、经济学家的言论都难以具有类似的效果。同时,这个具有高风险性和高度专业性的职业要求我们时刻以如履薄冰的态度对待每一份报告、每一张底稿乃至每一个数字,这就使得我们形成了谨慎行事的风格。

在公司治理学中,注册会计师审计(外部审计)和董事会、高级管理人员、内部审计一起,构成了现代公司治理的四大基石。从更大的广度和更深的层次上看,注册会计师行业关系到资本市场乃至整个市场经济的长远发展,关系到整个国家的金融稳定和经济安全。因此,中国注册会计师和我们这个民族、这个朝气蓬勃的时代紧紧联系在一起,其重生与崛起的历程,也反映出我们这个民族重生与崛起的历程。从1918年中国拥有第一位注册会计师开始,到今天这本书能够完成并且和您见面为止,这个行业走过了百年的岁月。在这个漫长曲折的百年记忆中,有着太多的艰辛与迷茫，还有更多的决绝与希望。而我，作为一个只有十几年工作经验的注册会计师，要书写这段历史绝不是一件容易的事情。当我在八年前的那个初春的子夜下定决心拿起笔的时候，我首先感到的是沉重和畏惧，这不是一件我能胜任的工作：我的阅历、我的知识储备、我的年龄、我对这个行业的了解和理解，还有我的身体和精力，都让我感到绝望。但是，这又不是我能拒绝的工作，因为这不单单是工作，更是光荣的使命。还没有人从这样一个角度来追忆我们这个行业，还鲜有人知道我们这个行业怎样深刻影响和改变着这个时代和这个时代所有人的生活，同时又被这个时代和这个时代所有人的生活深刻影响和改变。我希望自己是一个先行者，哪怕注定是一个彻底失败的先行者。我也很荣幸且无悔于这个选择，就像诗人舒婷所说的那样：

> 为开拓心灵的处女地
> 走入禁区，也许——
> 就在那里牺牲
> 留下歪歪斜斜的脚印
> 给后来者
> 签署通行证
> ——《献给我的同代人》

感谢所有的前辈和读者，希望我没有令你们感到失望。

井 波

2018 年 8 月 20 日写
2023 年 10 月 20 日改

目录

楔子　　　　　　　1

第一章　小荷初露　　5
第二章　先正其名　　9
第三章　笑傲江湖　　15
第四章　千呼万唤　　21
第五章　舍我其谁　　27

第六章　义不容辞　　33
第七章　浪子回头　　39
第八章　无信不立　　47
第九章　君子之争　　53
第十章　赤胆忠心　　59

第十一章　换了人间　　67
第十二章　我将重生　　73
第十三章　薪火相传　　81
第十四章　锋芒初显　　89
第十五章　载舟覆舟　　95

第十六章	书山有路	99
第十七章	原野之殇	105
第十八章	维度打击	115
第十九章	你的名字	121
第二十章	破茧成蝶	125

第二十一章	百年树人	131
第二十二章	英雄气概	139
第二十三章	双重审计	145
第二十四章	家国情怀	151
第二十五章	筚路蓝缕	159

第二十六章	长路漫漫	165
第二十七章	回家的路	175
第二十八章	我心永恒	179
第二十九章	中流击水	187
第 三十 章	沧海横流	193

后记　201

楔 子

一千个人眼中有一千个哈姆雷特。

——莎士比亚

有一次,我闲来无事,给一位女同事出了一道趣味题:有一个细菌,每3分钟可以分裂1次,变成两个同样大小的细菌,假设食物和空间足够,24个小时之后,细菌的总体积有多大?为了方便计算,我假定细菌是正方体,长、宽、高均是1微米;同时为方便她回答,我提供了四个备选答案:

1. 乒乓球那么大

2. 足球那么大

3. 地球那么大

4. 太阳那么大

我的这位拥有研究生学历的同事想了一会儿,选了"1. 乒乓球那么大"。我问为什么,她说她没见过乒乓球那么大的一团细菌。我的同事显然选错了。不过我估计没有人能把正确答案选出来,因为这四个答案中就没有正确的。那么,正确的答案是多大呢?答案是:

大到您无法想象!

我这么说不够形象,形象的说法是,和这团细菌比起来,乒乓球等于不存在;足球同样等于不存在;地球同样等于不存在;太阳呢,没啥例外,也等于不存在!您就是变成超人,以每秒几十万千米的光速飞行,1秒可以轻松地围着地球赤道转上几圈,我仍然可以负责任地告诉您:即使我能活得和宇宙一样长,我也绝不会看到您能绕着这团细菌走上哪怕万分之一圈。

让我用数字给您证明一下。这个计算过程非常简单,您可以很容易看明白这个过程:

细菌每3分钟分裂1次,也就是1小时分裂20次,24个小时一共分裂480次(24×20),这样我们可以很轻松地得出一个表格:

时间	0分钟	3分钟	6分钟	9分钟	……	24小时
分裂次数	0	1	2	3	……	480
分裂个数	$1(2^0)$	$2(2^1)$	$4(2^2)$	$8(2^3)$	……	约3×10^{144}(2^{480})

2

楔 子

最后的结果是 2 的 480 次方,约等于 3×10^{144},也就比已知宇宙中所有原子的数量 7×10^{79} 多了 64 个 0 再加 4 倍!至于总体积,约为 3.12×10^{126} 立方米,这个数据意味着,假如您以光速飞行,大约 154 亿亿亿年(1.54×10^{26})差不多可以走完它的一个边长了,和它相比,我们这个直径为 940 亿光年的可观测宇宙连沧海一粟都算不上。

我啰唆了这么久,只想说明一件事:数字和这个世界上的所有一切一样,只要你愿意琢磨,就会发现它是个很有意思的东西,每个人都会对此有不同的理解(数学家会第一个同意我的说法)。而注册会计师就是一群对数字极度敏感、极度关注的人,他们用专业的方式和方法去搜集数字、分析数字、检查数字、验证数字,然后得出自己的结论并提供给客户及其他社会公众使用。这就是注册会计师的本职工作。在中国香港,注册会计师又被称为独立核数师,我觉得十分有道理。

我提到的这位女同事叫张娜,她于 2017 年通过了注册会计师考试,并于 2018 年 4 月成了我的夫人,是这本书的第一个读者和校对人。她没能答对这个问题完全是因为掉以轻心,当然也是因为我太狡猾(说耍赖也成),还有就是这个问题太不合常理:这个世界上乒乓球大小的细菌团确实少见,真菌倒不少,比如蘑菇;但乒乓球大小的细菌团大家都没怎么见过。从事实和经验上看,错的不是她,而是我。细菌生长繁衍是需要很多条件的,不可能不停地分裂下去。至少从移动速度上就完全不可能——光速是已知一切有质量物体速度的极限,细菌根本不可能超光速移动来完成这种分裂。

这些都是讲故事而已——这个世界上最有意思的事情就是讲故事和听故事。许许多多的人,要靠讲故事和听故事才能活下去,才能发家致富;许许多多的组织和事业,要靠讲故事和听故事,才能发展壮大。古今中外,莫不如是。

在本书中,我想给大家以讲故事的方式追忆中国注册会计师的发展历史,捎带讲一点世界注册会计师的诞生和发展历程。这样做的主要原因是我没能力也不想把这本书写成学术专著或行业研究报告。我是一个极度业余的史学和政治经济学爱好者,也许连爱好者也不够格,在这方面我还是有些自知之明的。选择讲故事的更重要原因还在于:太艰深的文字真的是没有几个人愿意看!因此,我决定择善而从之、学习当年明月(《明朝那些事儿》的作者),尽可能地把这个故事讲得通俗顺畅一些。至于我的错误和疏漏之处,敬请您批评和指正。

第一章　小荷初露

从一粒沙子里看到世界，
在一朵野花中窥见天堂。
把无限放在手掌上，
永恒不过是刹那时光。

——威廉·布莱克《天真的预言》

这个世界上最有意思的事情就是讲故事和听故事，我的责任就是给您讲一个好故事。现在，就让我们从一个关于钱和面子的故事开始，追忆注册会计师行业那漫长而曲折的历史。

我们做个假设，您投了一大笔钱，和朋友共同成立了一家效益很不错的公司，但您是个大忙人，没时间参与公司的经营管理，您只是按照出资比例从公司每年的盈利中分红，这时候，您最关心什么？一定是公司财务和盈利状况！不了解这些，您怎么知道自己分到的钱到底是多是少？这个想法再合理不过。当然，还有一个更合理但是不能说出来的理由：朋友会不会做假账，少分钱给我？

这个时候，您最希望得到的东西是什么？

一份真实、完整的账本和财务报表！

这属于人之常情，也是商业惯例。

当然，您可能不好意思把这个想法当面表达出来，况且您也未必看得懂账本和报表。即使您看得懂报表和账本，就一定能确定它们一点儿也没掺假？

您也许会说："我既然投资了，就绝对相信朋友，朋友是万万不会骗我的！"

那我就没办法了，我只能对您说："上帝保佑您！"

这个问题真挺让人纠结的。几百年前的意大利人就是这样纠结的，后来想了个办法把这个问题解决了。他们的办法是什么呢？

他们的办法是聘请民间的会计专家作为第三方来查账。

也许有人问，为什么非要请民间会计专家呢？

因为当时能查账又能请到的只有民间会计专家了。比如当时政府机关的很多审计人员也有查账的能力，但一般生意人不会去找他们。有些大企业专职会计人员的水平也不错，但是他们没有这个时间。

于是最早的社会审计人员出现了，他们就是注册会计师的前身。狭义的注册会计师是指取得注册会计师证书并接受委托从事审计和会计咨询、会计服务业务的执业人员。由于世界注册会计师发展史上，也曾使用过会计师、特许会计师、公共会计师等称谓,为便于陈述,本书所指注册会计师并不特指狭义的注册会计师,而是涵盖上述称谓。

从上文可以看出,注册会计师要解决的核心问题就是财务信息的不对称:报表使用人需要使用财务报表,但是他们并不能确定财务报表是否真实可信,因此需要独立的第三方来审查;而财务报表的编制人或提供者为了让报表使用人相信报表是真实且可以信任的,也需要独立的第三方来出具证明。这就是注册会计师这个行业产生的根本原因。

让我们再次回到几百年前的意大利,看看真实的历史中注册会计师行业是如何诞生的。当时意大利还没有统一,威尼斯是威尼斯共和国的首都,也是意大利最大乃至整个欧洲最大的城市之一。如果您穿越到那个时代找个朋友一起办企业,您的选择一般只有两种:

一是成立一个合伙企业。您和朋友都是合伙人,您出钱又出力(参与经营管理),您和他按照合伙协议的约定分红或承担亏损。不过企业要是赔了的话,您作为合伙人是要赔偿到底的。当您的出资不够偿还企业债务时,您需要拿出个人的财产来还债;您的朋友也一样。您和朋友之间可以约定如何划分对外还债责任,但这对外部债权人并没有任何效力,他可以要求您和朋友任何一个人来偿还全部债务。

二是成立一个有限合伙企业。朋友做普通合伙人,负责企业运营,对企业的债务承担无限责任,也就是赔完出资,再赔个人财产。您作为有限合伙人,不参与经营,按照协议分红和承担债务,但是所承担的债务以您个人的出资额为限;这个"以个人出资为限"对外部债权人是有效力的,也就是您做个安静的"包租公"(或"包租婆")就可以了。不过"包租公"这个称呼格调太低,我们今天把这种出资人叫作LP(limit partner,有限合伙人)。

什么事情都是有两面性的。只承担"有限责任"的"包租公"虽然不再有"无限还债"的风险,但是因为不参与经营管理,故账簿和报表要由朋友雇用的会计来编制。在这种情况下,您自己怎么能确定报表是可信的呢?

于是前文所述的那个"令人纠结"的问题出现了。

实际上当时有限合伙企业的发展程度已经很高了,或者说相当普及了。在很多有限合伙企业中,有限合伙人和普通合伙人完全是陌生人,如果不找双方认可的第三方会计专家来出具账簿和报表的"质量合格证明",那么双方的信任几乎不可能建立。

那么,您可能会问,为什么"包租公"不能参与经营管理呢?原因在于:其一,包租公没时间、没精力或者不专业;其二,相关合伙法律规定,如果"包租公"参与了经营管理,他就不是有限合伙人了,至少他要对所参与的那些业务承担无限责任(这也挺合乎常理)。和之前的店铺、工厂等负有"无限责任"的企业相比,有限合伙企业具有很明显的制度优势:"有限合伙人承担有限责任"的规定大大降低了普通人成为企业出资人的门槛,便于资本的集中和社会化生产方式的推进。

当然,有限合伙企业不能和后来出现的公司相比。公司的所有股东都以出资额为限承担有限责任,所以股民从不担心上市公司破产了公司债权人找上门来追债。这也是后来公司能够取代有限合伙乃至其他所有企业形式,成为企业组织形式的主流的核心原因。

随着有限合伙企业在威尼斯等地的蓬勃发展,被聘查账的会计专家就越来越多,成立协会也就越来越有必要。1581年,威尼斯会计协会在威尼斯成立,这是世界上第一个会计职业团体,后来在米兰等城市也成立了类似的组织。这些算是注册会计师行业的雏形了。

第二章 先正其名

名不正，则言不顺；
言不顺，则事不成。

——《论语·子路》

虽然1581年第一家会计协会成立了,但是公开执业的会计师的数量是极少的。一般会计师的主业并不是查账,而是做账或教学等。出现这种情况主要有两个原因:

第一,企业数量虽多,但规模较大的企业并不多,查账需求规模并不大,以临时性的查账为主;

第二,从事这个行业的会计师未获得过官方的认可。

1720年,事情终于迎来了转机。

这次转机源自同年发生的南海泡沫事件。

南海泡沫事件是经济学史上最著名的事件之一。事件的起因是英国南海公司股价暴涨后暴跌,引起整个英国经济陷入混乱和衰退。一个公司股价的涨跌能有如此大的能量,肯定不是没有由来的。让我们看看这家公司的背景。

南海公司成立于1711年(也有资料说1710年),被英国政府赋予垄断英国对南美洲及太平洋群岛地区贸易的权力,国王乔治一世本人还担任过南海公司的董事长!这来头,估计也只有不可一世的东印度公司可以与之相比。

1720年前后,南海公司的高管们放出消息:南美洲发现了好多金矿和银矿,还有好多处香料产地(当时香料价格奇高)。这使得南海公司的股价达到1 050英镑,比最初上涨了8倍多。在南海公司的带动下,整个英国股市一路高歌猛进。美国经济学家加尔布雷斯在其《大恐慌》一书中这样写道:

"政治家忘记了政治,律师忘记了法庭,贸易商放弃了买卖,医生丢弃了病人,店主关闭了铺子,教父离开了圣坛,甚至连高贵的夫人也忘了高傲和虚荣。"

英国人民都行动起来了,甚至乔治一世都在购买南海公司的股票,还有谁能不心动呢?

最意想不到的是,南海公司飞涨的股价引起了一位股民的注意,他的名字叫艾萨克·牛顿。对,就是那个发现了万有引力定律的牛顿!这位绝世天才被英国股民的巨大热情深深感染,他相信自己在股市可以大捞一笔。同年4月,牛顿购入了7 000英镑南海公司的股票,2个月后股价翻倍,他卖出后净赚7 000英镑。同年7月,牛顿再次大量买进南海公司的股票,但没多久悲剧就发生了!南海公司的股票不断狂跌,牛顿到了年底一算,发现赔了整整20 000英镑!牛顿大概只能仰天长叹:"我能计算出天体的运行轨迹,却无法预测人类的疯狂。"

为什么南海公司的股票暴跌了呢?无他,牛皮吹破了!

先前股票大涨所依据的"题材",完全是南海公司的董事和高管们编造的子虚乌有的故事。

这次事件的后果极其严重:数以万计股民的财富在股灾中灰飞烟灭,更有不知多少个家庭因为投资失败而债台高筑、妻离子散;英国经济受到了沉重的打击;股票成了人人喊打的过街老鼠,而英国竟然因此在长达100年的时间里没有发行新的股票。多名政府高官及议会议员被爆接受南海公司的贿赂,英国政府信用破产。"泡沫"这个词从此成了经济学中最常被提及的专有名词,如今更是达到了妇孺皆知的程度。

这一切充分说明了两个问题:第一,股市有风险,入市需谨慎,没有谁能例外;第二,公司的账目没人查是不行的,早晚要出大事。

出了这么大的事情,英国政府不管是不可能的。英国议会秘密组成了一个特别委员会调查此事,特别委员会聘请了当时的会计专家对南海公司的会计账目进行了审计。其中有一位会计专家叫斯耐尔,他曾经出版过商业会计方面的专著,精通并教授会计实务,是一位货真价实的专家。他不辱使命,在深入调查之后,以"习字教师兼会计师"的名义出具了一份"查账报告书",报告书对南海公司编造假账和其他欺诈行为进行了揭露。

后来,特别委员会根据查账报告书和其他调查资料,于1721年2月向议会宣读了对南海公司的调查报告,并没收了南海公司董事和总裁等高管的财产。

民间会计师被政府聘请查账,其出具的查账报告被政府作为审判的证据,这在人类历史上都是第一次。斯耐尔因此被大家公认为历史上第一位注册会计师(之后的一段历史中,注册会计师和会计师的称谓常被混用,故本书在撰写时也不作严格区分），这份查账报告被认为是世界上第一份审计报告。

对于注册会计师行业而言，这是个里程碑式的事件。

注册会计师登上了人类历史的舞台。

但是，政府的认可还是分等级的。南海泡沫中的认可还只属于个例，只能算是临时性的、非正式的认可。真正长效的政府认可是法律。

1844年，英国颁布《合股公司法》，1862年颁布《公司法》。在1844年到1862年这18年的时间里，英国颁布了一系列有关公司和股票发行的法律，其中很多法律都对注册会计师的审计地位和责任进行了规定。这些法律中最重要的是1862年的《公司法》，它明确规定注册会计师可以担任法定的破产清算人。这个规定极其重要，可以说，它奠定了注册会计师审计的法律地位。

在这部法律颁布之前，破产清算人基本被律师垄断，而19世纪中叶英国正处在一个经济危机不断爆发、很多公司破产的时代，这等于给注册会计师行业送来了一座"金山"。

客观地说，注册会计师之所以能获得法律的认可，首先是历史发展的趋势使然：作为最能适应社会化大生产的企业形式，大量的公司都需要注册会计师这样的第三方专家为其出具关于财务报表的质量保证书。更重要的是，越来越复杂的账簿记录和报表，使得很多律师不能胜任查账业务，这一难题必须由注册会计师来出面解决。

1853年2月，第一个会计师专业团体——爱丁堡会计师协会在苏格兰爱丁堡创立。1854年5月，该协会向英国女王递交了请愿书，申请获得特许权，也就是包括组织会计师考试和管理会员在内的"行业自律权"。同年12月，爱丁堡会计师协会拿到了盖了英国女王印章的证书，注册会计师历史揭开了新的一页。

特许会计师（也是"注册"会计师）正式诞生了。

作为注册会计师行业的发源地，英国的注册会计师资格一直都是注册会计师行业中的"硬通货"。英国注册会计师团体较多，对应的注册会计师资格也比较多,中国目前只有一个:中国注册会计师协会(以下简称中注协)的CPA(The Chinese Institure Certified Public Accountant)。英国比较有名的是苏格兰会计师协会皇家特许会计师(CA)和英格兰及威尔士皇家特许会计师(ACA)。至于在中国火得不行的 ACCA(The Association of chartered Centified Accotants),它是1904年成立的英国特许公认会计师公会的简称。由于 ACCA 更多的是在企业受雇任职,不像 ACA 那样多数在会计师事务所从事自己的老本行,其在英国及欧洲资本市场受到认可的程度远逊于 CA 和 ACA。当然,由于比 CA 和 ACA 更早进入中国布局,考试报名和培训也相对方便,各种广告宣传做得很到位,ACCA 在中国的知名度令 CA 和 ACA 望尘莫及。

第三章　笑傲江湖

光荣的桂冠，从来都是用荆棘编成的。

——艾青

盛极而衰。

19世纪末20世纪初,英国逐渐衰落,美国开始强势崛起。相应地,世界经济的中心开始从英国向美国转移。随之而来的是注册会计师行业的发展中心迁移。这个过程长达几十年。在几十年中,审计理论不断推陈出新,审计代表人物不断涌现,注册会计师行业的组织水平及影响能力不断提高,社会对注册会计师作用的认知程度不断加深。

追溯历史,美国注册会计师行业的出现并不比英国晚多少。美国现存较早的审计报告是1748年的詹姆斯·帕克为富兰克林出具的《您与哈尔氏账目一览表》。不过对于詹姆斯·帕克,我能给大家介绍的就只有这个名字。在富兰克林这位名人的光环之下,他默默无闻,虽然这种情况很无奈,但也是历史使然。

真正使美国注册会计师行业获得发展的,是美国铁路产业的大发展。

自1830年至1929年经济危机的100年间,美国的铁路获得了飞速发展,成为美国的支柱产业。其中,1830—1840年,美国铁路总里程从无到有,达到4 538千米(2 820英里),并超过整个欧洲;到了1888年,达到25万千米;到1915年,达到40.84万千米;到1929年前后,达到69.18万千米(429 883英里)!大家对这些数字可能没感觉,我说中国的相应数字您就有感觉了:到2016年年末,中国铁路总里程为12.4万千米[1],连1915年美国铁路总里程的1/3都不到。

铁路的大规模迅速扩张全面而深刻地改变了美国,其巨大的历史意义恐怕也只有最近几年中国迅猛发展的高铁对中国的意义才可与之比拟。强者所走过的道路都是相似的。

面对美国如此规模的铁路建设,全世界都抢着投资,于是铁路公司如雨后春笋般纷纷涌现。很多铁路公司的资产和对外融资都达到空前的规模,按道理它们应该很欢迎注册会计师为其查账、出具证明(虽说那时还不是强制审计),但是铁路公司刚开始并不买注册会计师的账,比如1886年,在1 417家铁路公司中,聘请注册会计师进行审计的铁路公司竟然只有1家!

但是，经济规律不以人的意志为转移。铁路的发展虽然能够增加资本家个人和社会的财富，但它改变不了资本主义经济危机产生的内在逻辑。

1893年，美国经济危机爆发了，主要原因之一竟然是美国铁路的过度投资！这是一次仅次于1929年经济危机的大萧条。这次危机导致几百家银行和1万多家企业倒闭，这其中就包括当时四家最主要的铁路公司。1894年，美国共有94条铁路被拍卖，资本总额达11亿美元，这在当时可是天文数字。破产的铁路公司须由注册会计师参与清算。与注册会计师深度接触后，铁路公司认识到了注册会计师的作用，于是很快就改变了对他们的冷漠态度。因此注册会计师行业业务量大增，成为一项朝阳产业。许多知名会计师事务所的前身开始出现。不过有一点很有意思，那就是虽然美国的经济蒸蒸日上，其制造业总产值和经济总量在19世纪末就赶上并超过了世界霸主英国，但是，美国注册会计师行业还是英国人的天下，重要业务还是交给英国的注册会计师来做。许多大会计师事务所就是英国人创立的，比如"四大"中的安永和毕马威，其初创的注册会计师都是英国的移民。这与改革开放后中国经济和注册会计师行业的发展历程颇为相似。不过我们还远远没有完成这一历程，我们正在创造并见证历史。一想到这一点，我心中总有一种无法言说的感慨。

和英国一样，会计师多了，就要成立协会，立规矩。1887年，美国公共会计师协会（AAPA）获得政府承认。这是美国早期的会计师组织之一（最早的会计师组织是1882年纽约州成立的纽约会计师和簿记员协会），也就是如今的美国注册会计师协会（AICPA）的前身。美国注册会计师协会是目前世界上最大的会计师团体，其2020年9月的会员数达到了65.82万人。1896年4月17日，纽约州颁布了《管制公共会计师法案》，这部法案规定只有取得注册会计师执业资格的人才能以公共会计师的身份执业，并限制注册会计师称谓的使用。随后其他各州也纷纷效仿，为注册会计师立法，注册会计师的法律地位被广泛认可。

1912年，美国注册会计师蒙哥马利在其《审计理论与实践》一书中提出了新的审计学理论和新的审计方法：资产负债表审计理论和抽查法。

简单地说，从前查账的做法就是把账簿翻个遍，一笔一笔地详细检查，最终确定账本和财务报表是否真实，是否存在舞弊。这种方法的最大好处是查得全面，不容易遗漏，其缺点是太浪费时间。面对铁路公司、钢铁公司、石油公司、大型银行这样有着大量账簿的大公司和堪称巨无霸的企业集团，这种办法简直能要了注册会计师的命，真是查不过来啊！而蒙哥马利新理论的核心是按照一定的标准对账簿进行抽查，据此验证资产负债表（反映企业有多少财产多少负债的报表）是否真实可靠，最终让股东和银行等报表使用人能够正确判断企业的偿债能力和资产质量。这种解决方案其实不算是新办法，因为在实务中早就有注册会计师如此处理了。但是，冒着与主流审计理论相对立的巨大风险，提出系统的、可操作性强的审计方法的，蒙哥马利肯定是第一人。他的这部审计学著作后来经多次再版和修订，现在叫作《蒙哥马利审计学》，至今仍被西方审计人员奉为审计"圣经"。

蒙哥马利全名是罗伯特·希斯特·蒙哥马利，是美国最著名的注册会计师之一，是审计领域的泰斗级人物。他出身寒微，人生的精彩程度堪比《阿甘正传》中的阿甘，是标准的"励志哥"，有兴趣的读者可以去网上查查关于他的介绍。

资产负债表审计理论并不是审计学的终极理论。审计学的创新是没有止境的，因为经济和社会的发展没有止境。不断出现的新形势要求注册会计师不断提高自己，充实自己。

从1912年到1929年，资产负债表审计走过了17年的光辉岁月，或者说，它的辉煌没能超过17年。1929年，经济危机爆发，损益表审计理论出现。损益表也叫利润表，是反映企业收入扣除成本费用、税金后形成利润过程的报表。对于注册会计师来说，这是一次很大的理论和实践飞跃。此后，审计理论又不断经历了制度基础审计、风险导向审计等更新进步，在此不作过多描述。

对于注册会计师来说，1929年的经济危机除催生了新的审计学理论外，它的另外一个作用是高度强化了注册会计师的审计责任，使得注册会计师深度介入资本市场。

在这场危机中,华尔街的金融家和在华尔街疯狂圈钱的企业家成了众矢之的。其后,《证券法》(1933年)和《证券交易法》(1934年)应运而生。这两部法律赋予了美国注册会计师无可撼动的法定地位,同时规定了他们必须承担的巨大的法律责任。注册会计师的工作做不好,其不但可能被罚款、被吊销证书,还很可能被送进监狱。

这似乎有些严苛。美国总统罗斯福因为这类对资本严加管束的做法(罗斯福新政)被很多推崇"自由"的美国资本家当成了一个"政治卧底"。但是,历史证明罗斯福是对的。美国在他的领导下,挺过了这场最严峻的经济危机,并在第二次世界大战后成为超级大国。

除了上述值得记录的创新和变革,美国注册会计师还有一个重大成就值得说一下:美国注册会计师行业产生了全世界规模最大的国际会计公司,即普华永道(PWC)、德勤(DTT)、毕马威(KPMG)、安永(EY)四个大型国际会计公司,简称"四大"。1932年,美国《财富》杂志对当时的会计师事务所进行排名,评出了当时的八大会计师事务所。后来,"八大"合并变成了"六大""五大",最后由于"五大"之一安达信的倒下,又变成了今天的"四大"。可以说,"四大"代表了全世界注册会计师行业的最高发展程度。虽然部分创始地可以追溯到英国(及欧洲其他国家),但是将美国作为"四大"发源地,还是得到了大部分人的认同。正是因为美国注册会计师行业的发展和不断对外扩张,才有了今天的"四大"。

---

[1] 交通运输部:《2016年交通运输行业发展统计公报》,2017年4月。

第四章　千呼万唤

公司不举，则工商之业无一能振；
工商之业不振，则中国终不可以富，不可以强。

——薛福成《论公司不举之病》

落后就要挨打。从1840年第一次鸦片战争开始,中国人用一百多年的血泪史印证了这个残酷无比的生存铁律。

虽然对于农业文明与工业文明之间的代差到底有多大,以及这个代差到底需要付出多大的代价才能跨越,当时没有一个中国人有清晰准确的认识,甚至连工业文明到底是什么,普通中国人的认识也非常模糊,但有一点是有识之士都非常清楚的:资本主义国家强大的国力来自大量的优质公司和强大的工商业。中国的富强之路只有一条:振兴工商业。舍此无他。

从19世纪60年代开始,不甘心坐以待毙的洋务派开始了洋务运动。

客观地说,在当时的历史条件下,洋务派搞公司、兴办工商业,那真是相当努力,也颇有成效。

中国最早的航运企业,是1872年成立的轮船招商局。它是中国第一家股份制企业。因为经营业绩优异,轮船招商局还把竞争对手美国旗昌给收购了,这可是历史上中国民族工商企业第一次收购外商资产。轮船招商局面值100两白银的股票,在1882年6月的价格已经上涨到250两白银以上。轮船招商局开了个好头后,开平矿务局、上海机器织布局、中国铁路总公司等各类官督民办的企业不断涌现,并且都积极地利用发行股票来筹资。由于股票交易活跃,为了规范市场,1882年10月24日,中国第一家从事证券交易的华商机构——上海平准股票公司成立了。有学者认为它就是中国最早的证券交易所,而也有学者认为它只能算作证券交易所的雏形。但不管怎样,这都表明,清朝的人和现在的人一样,也是可以接受新生事物的,只要它能赚钱。

股市火热之后往往就会迎来股灾。1883年,股灾发生。其直接原因是钱庄倒闭导致银根紧缩(也叫倒账风潮),以及中法战争的爆发。在这场风潮中,胡雪岩的京城阜康银号因巨亏1 000万两白银而倒闭,接连不断的挤兑风潮很快使得这位商人倾家荡产、郁郁而终。而其他和胡雪岩一样被牵连的股民也是欲哭无泪。轮船招商局的股票跌到每股34两白银,开平矿务局的股票跌到每股29两白银(面值100两白银),其他中小型企业的股票有很多则直接跌成了废纸。年轻的中国股民第一次经受了股灾的

"洗礼"。

其实这不算啥。通向工业文明的道路从来都是崎岖坎坷的,英国和美国都吃过股票的大亏,这点小挫折只能算作一道"开胃菜"。

真正的"大餐"开始的时间是27年后的1910年。

这个事我们需要慢慢说。20世纪初,以福特为代表的美国汽车工业异军突起,作为汽车轮胎原料的橡胶的价格开启了暴涨模式。橡胶行业大热,多家种植经营橡胶的公司在上海这个亚洲金融中心扎堆上市。据统计,仅在1910年6月,就有30家橡胶公司在上海挂牌(IPO)。清朝的股民疯狂了。当时很多买股票的股民连"橡皮"(当时对橡胶的称呼)是什么都不知道,就拿出所有积蓄甚至借款来炒股。这还不算,清朝股民还抽调资金跑到伦敦市场上抢购橡胶公司的股票。但是,泡沫就是泡沫,总有破灭的一天,并且这一天很快就到来了。1910年6月,美国突然宣布限制橡胶使用,于是橡胶价格大幅跳水,橡胶公司的股价纷纷暴跌,不少股票变成了废纸。这次股灾的直接后果除了股民被套,还有多家钱庄和银行倒闭。工商企业纷纷破产,百业萧条,民生凋敝。一个叫施典章的人在股灾中出现了巨亏,而且这次巨亏的是公款——川汉铁路公司的资本金!

施典章在川汉铁路公司任财务总监(总收支)和上海办事处保款委员(也有资料说是驻沪总理)。清朝的"专案组"查明,他不但挪用公款炒股,而且贪污了几十万两白银,共造成股本损失250多万两白银!

在施典章案件中,施典章贪污浪费、账面不清、监守自盗、摊派坑农;川汉铁路公司成立6年多,筹资1 198万两白银[1],不到川汉铁路项目预估投资(股本)总额5 000万两白银的1/4,而实际修路17.5千米,不到计划总长1 980千米的1/100!施典章案件揭开了川汉铁路公司这家商办公司效率低下、财务混乱的冰山一角。

以盛宣怀为代表的中央官僚资本势力觊觎川汉铁路公司已经很久了,正好机会来了。

为什么这么说?

川汉铁路公司由民间集资成立,出资人主要是四川当地的地主、乡绅和普通百姓。公司实际控制人是四川当地的官员和地主乡绅等地方封建势力。自己人出资修建自家铁路，这本来就让人无话可说。中央官僚阶层和外国资本势力只能干瞪眼、干着急。

施典章啊施典章！你知道我盛宣怀等你等了多少年了吗？

这时石长信提交了一份建议铁路国有化的奏折。该奏折力陈国有化铁路的重要性，提议干路由国家建设管理，支路可以商办。

几天之后，盛宣怀的全国铁路国有化方案正式出炉，其中对于川汉铁路公司的处置原则如下：

"宜昌实用工料之款四百数十万两，准给国家保利股票，其现存七百余万两，愿否入股，或归本省兴办实业，仍听其便。"

换成白话就是：修建铁路已经花掉的钱，国家认了，这400多万两白银，准许你们换成国有铁路保证红利的股票。剩下账上尚未使用的700多万两白银，愿意入新公司股份的可以入股，不愿意入股的，你们四川省自己爱干吗就干吗去吧。

四川省护理总督王人文回复邮传部："人文之意，存款仅七百余万，似应尽给川人，俾彰朝廷信用而救川民之穷，虽未必尽厌川人之望，然国家既仁至义尽，或足塞川人之口。特川民向来浮动，铁路又开全省利权，尤不敢深维始终，致或措置失宜，贻误大局。"

换成白话就是：我的意见是账面上的700多万两白银，还是要给股东现钱，这也能彰显朝廷讲信用，爱护四川百姓。铁路之事牵涉全省上下多方权利，需要谨慎从事，以免影响大局。

其实潜台词是：盛大人，哪有尚未使用的700多万两白银？那都是账面上写的数字而已，这您还能不知道？

盛宣怀不吃这一套，他指示邮传部回复："干路收归国有，谕旨定位政策，普天之下，无不遵从。"盛大人的意思很直白，这事皇上都点过头了，你们老老实实地自己解决！

怎么还？根本还不起嘛！

四川的大小出资人马上就抓住了盛宣怀的把柄：1910年5月20日，

也就是在铁路国有化政策出台后 11 天,盛宣怀代表清政府向美英德法四国银行团借款 600 万英镑,用于川汉铁路和粤汉铁路修建。四川的出资人声称:盛宣怀此举是出卖路权,实属卖国!绝不出让路权!

数以万计的四川老百姓被鼓动起来,掀起了轰轰烈烈的保路运动。其后,革命党人在武昌起义成功。

1911 年 10 月 25 日,资政院通过决议,撤销盛宣怀的职务并对其处以死刑。第二天,内阁批准了资政院的议案,但没有同意死刑。盛宣怀在美英德法等多国部队的保护下收拾了金银细软匆忙逃出北京,辗转流亡日本。1912 年秋,盛宣怀回到了上海。1916 年 4 月 27 日,盛宣怀去世。

综上所述,我认为,"马后炮"式的临时审查对于那些无法无天的公司是没有什么威慑力的。清朝应立法要求注册会计师从公司成立到公司清算,进行全程监督。

---

[1] 鲜于浩:《试论川路租股》,《历史研究》,1982 年第 2 期。关于股本总额,各种历史资料数据不一,有 1 670 万两、1 645 万两、1 400 万两、1 221 万两等。

第五章　舍我其谁

近百年的中华民族根本只有一个问题，
那就是：中国人能近代化吗？

——蒋廷黻《中国近代史》

1905年9月5日,日俄战争以沙俄惨败结束。

清朝人震惊了——原来东方人可以战胜西洋人!

还等什么?向日本人学习!

清末的留日热潮再一次升温,当年年底,清朝在日本留学生已有几千人。

就是在这一年,一个名叫谢霖的20岁的年轻人离开了家乡江苏武进,乘船东渡日本,开启了自己坎坷而璀璨的一生。

谢霖的出生地是江苏省武进县,也就是今天的常州市武进区。常州地方志等资料记载谢霖是东晋名相谢安的后人,算是名门之后。不过当时的他已经是家道中落了,否则其留学地肯定是欧美,而不是日本。为什么?因为当时日本的留学费用较低。就单说学费吧,作为日本学费最贵的大学之一的早稻田大学,其本科学费为每年白银34两(日银48元),而欧美的大学一般每月的学费就要白银20两!在那个大多数中国孩子连吃饱饭都是奢望的年代,以账房先生为业的谢父能让谢霖读书并且留学日本已经是谢父所作的最大的努力了。谢霖从小就师从父亲学习中式会计,横看竖看,都看不出有什么远大的前途。

谢霖在日本就读于明治大学,专业是法律。和一般留日学生按部就班地完成自己的专业课程不同,谢霖在勤奋读书的同时,"不务正业"地将日本的会计学著作翻译成中文并出版。1907年,他参考日本学者森川镒太郎的《银行簿记学》和米田喜的《簿记学讲义》,加上自己的思考和体会,和历史学家孟森一同合著了《银行簿记学》(簿记是对早期会计的称呼)。这本会计学专著在东京出版,同时在中日两国发行,被公认为中国近代会计的开山之作,奠定了此后中国会计改良运动的思想和理论基础。

可以说,仅仅凭借这部书,谢霖就已经青史留名。

和那些在温柔乡里醉生梦死的纨绔子弟不同,谢霖的身上有一种多数权贵子弟不能理解的执着——他立志要革新中国的会计行业,为国家的富强贡献自己的全部精力。

1909年7月,谢霖从日本明治大学毕业[1],学成回国。第二年,谢霖通过清政府的经济特科考试(公务员考试),获得"商科举人学衔"。他被分配到四川总督衙门当文案委员,大体上相当于今天的省办公厅秘书,薪水为每月80银圆。

即使从100多年后的今天来看,这都是一个能让无数普通人抢破头的职位。

但是,谢霖不是普通人。他没干多久就向省教育厅厅长毛遂自荐去了劝业道(相当于现在的市场监督管理局)的商科做科员,月薪降为50银圆,同时他担任了四川商学堂的教员。这让我想起了戚继光的那句"封侯非我意,但愿海波平"。在日本的留学经历让他深刻地认识到,没有会计的近代化,就不会有工商业的近代化。这个道理太简单了,连账都算不好,谈其他那不是空话吗?而如果连会计都不能赶上列强,那我们这个民族还能有未来吗?

谢霖很快就当上了商务科长,其后他在工商所创办了商务传习所,自任所长,讲授西方会计。这是他投身中国现代会计教育事业的开始。

1912年,他完成了《实用银行会计》一书,由商务印书馆出版,这是他对中国银行会计发展所作的一大贡献。同年,谢霖当上了当时中国银行的总会计师(相当于现在的财务总监)[2]。中国银行由大清银行改组而来,官商合办,是清朝也是民国初期的中央银行。这时他才27岁。1912年至1918年,谢霖主持了中国最早的银行业现代会计制度改革,引入了西式借贷复式记账法。1917年,谢霖在交通银行担任总会计师期间,完成了交通银行的会计制度改革。改革的示范作用巨大,其他国有与民营银行、钱庄等纷纷以此为标杆,改良自己的会计核算,中国银行业会计核算水平终于一步步地走向了科学化和规范化。

伴随着中国工商业和会计制度的发展演进,谢霖敏锐地意识到,中国急需自己的民间专业查账人员,这个事情不能再拖下去了。

不过谢霖所面对的是一个与英国和美国等西方国家完全不同的国情。英国和美国在为会计师立法前,都是先有民间会计师,再有自行成立的会计师行业协会,然后行业协会想办法获得政府部门授权。而我们的国情很特别,我们在晚清时根本就没有民间会计师,更没有会计师行业协会,发展会计师面临的第一个问题竟然是"无米下锅"。

但是,谢霖知道我们等不起。1918年6月初,谢霖直接向北洋政府的农商部和财政部上书,请求政府审核他草拟的《会计师制度章程》(共10条)。他上书的理由简单而直接:中国没有自己的会计师,当大城市和通商口岸城市的中国人在与外国人发生经济纠纷时,只能聘请外国会计师进行公证,造成"国人之含冤不白者,不可胜计",中国需要自己的会计师来维护自己的正当权益和国家尊严!

北洋政府农商部和财政部对谢霖上书的处理堪称高效。农商部1918年6月14日就批准了谢霖的请求,财政部是6月28日批准的。1918年9月7日,《会计师暂行章程》正式实施。更有意思的是,早在1918年6月24日,谢霖就和明治大学的同学秦开等人开办了中国第一家会计师事务所——正则会计师事务所。1918年7月16日,正则会计师事务所正式对外营业,并在当时的《银行周报》上刊登了广告[3]。正则会计师事务所后来成为民国时期著名的会计师事务所。

谢霖先生在创办了正则会计师事务所后,并没有做多少注册会计师业务。这主要是因为他担任交通银行的总会计师(总司账)、戊通航业股份有限公司的总经理等职,同时兼任多所大学的教授,实在是没有太多时间来处理注册会计师业务。整个中国当时也没有多少注册会计师。其原因主要有两个:第一,认识不到位。注册会计师是一个新生事物,要想让人们接受,还需要一段时间。第二,申请注册会计师的资格要求过于严格。当时的申请条件有两个:在国内外商科学校修习3年以上的毕业生,或者在资本50万元以上的银行、公司担任会计职务5年以上者,年龄30岁以上。这两条在现在看来没什么,但在当时是非常高的标准。比如第一条的商科毕业,当时从国外商科留学回来的人很少,且多留在大学做教师。第二条在银行、公司任职5年以上的标准也十分苛刻,符合条件者太难找。

合抱之木,生于毫末。中国注册会计师行业的壮大,不仅需要谢霖这样大师级人物的努力,还需要普通会计师的积极参与。这是注册会计师行业发展的一般规律,急不得。

　　作为中国会计行业乃至审计行业的先行者,谢霖对国家和民族作出的贡献已经被载入史册。按照他的学历、学识,担任过的各种职务,乃至他出版的一部部学术专著,从任何一个角度看,他都应该是一个富豪,过着上流生活。但事实上谢霖的生活十分清贫,他没什么积蓄,连退休后住的房子都是租的。谢霖清贫的原因在于他人格高尚,将自己的财产无偿投入中国会计教育事业。他深知教育才是百年大计,中国需要千千万万掌握新式会计的后来者,这才是中国会计行业和审计行业的真正希望。他知道自己可能看不到中国的会计和审计行业完成现代化乃至走上世界巅峰的那一天,但是他相信这一天终会到来,而他所有的努力都是在为这一天的早日到来积蓄力量。这是一种极致的浪漫,动人心弦,它只属于一往无前的耕耘者。

---

[1] 翟慈慈:《谢霖与中国的会计教育》,《黑龙江史志》,2014 年 10 月(总 323 期),该文中引用杨鑫所著《经济学研究中的两件往事——访日难忘的记忆》中的明治大学的成绩单资料,认为谢霖于 1909 年 7 月和 1911 年 7 月在明治大学就读,该资料与其他多种历史资料所载的"于 1905 年至 1909 年在明治大学法律专业学习"或"从明治大学转入早稻田大学商科,取得硕士学位"的说法不符。笔者认为 1909 年 7 月到 1911 年 7 月应是毕业后的时期而不是就读期间,因为明治大学是正规大学,学制四年(应该还有 1 年预科),供读者参考。

[2] 部分资料说是 1913 年,供读者参考。

[3] 亢祖合:《中国最早的会计师事务所》,《财会月刊》,1994 年第 10 期。

第六章 义不容辞

自反而缩,虽千万人,吾往矣。

——《孟子·公孙丑上》

1921年,徐永祚会计师事务所在上海正式开业。这家会计师事务所的创办者是徐永祚,一个刚到注册会计师最低申请年龄(30岁)的年轻人。

为了开办这家事务所,徐永祚辞去了上海证券物品交易所的会计科长一职。上海证券物品交易所由孙中山提议创办,是我国第一家由中国人自己开办的综合交易所。它在1920年7月1日开业后一年多的时间里生意蒸蒸日上,连蒋介石都忍不住在其中一再投资,它是一家名副其实的新兴交易所行业龙头企业。作为为交易所设计会计制度、拟定交易流程并培训会计人员的元老,徐永祚辞职下海,开办没有多少人了解的会计师事务所,在当时并不被人理解。

徐永祚对此毫不在意。对于他这样一位年轻的会计专家和审计专家而言,只要有一个理由就足够他下定决心:不浪费生命。他的志向是改良中式会计。交易所会计科长这个职位根本无法承载他的理想。

这一切都要从他坎坷的人生经历说起。

徐永祚出身于浙江海宁的一个工商地主之家,自幼丧母。他在国内完成了学业,一切中规中矩。1915年,24岁的他从梁启超开办的上海神州大学经济科专业毕业后,在银行做练习生。这个我非常不理解,因为民国时期银行的练习生处于银行职务的最底层,相当于旧时代钱庄票号的学徒。也许这家银行的招聘要求高一些,但也不至于让一个大学商科毕业的人来此当练习生。可这就是史实。

不久之后,经过中国银行上海分行副经理张公权先生的保荐,徐永祚回到母校,成为一名银行科教师。1917年,徐永祚又回到中国银行天津分行任职(具体职务不清楚),同时担任当年创刊的《银行周报》的编辑。《银行周报》是中国银行自办的一份刊物,也是中国历史上第一份金融期刊,其开办1年后上海银行公会成立,于是它就变成了上海银行公会的一份期刊,徐永祚也由编辑升职为主编。1918年,徐永祚不过27岁,担任这样一份重要刊物的主编,足见张公权对他的信任与器重。然而,这个职务他没做多久,就因为"六君子事件"而被捕。这个六君子不是历史书上因为维新而被砍头的"戊戌六君子",而是拥护袁世凯当皇帝的"筹安六君子"。这个事情比较诡异,徐永祚是个非常本分的教师和学者,他天天研究会计金融,正积极地想办法用西方的会计制度改良当时中国落后的会计行业,说他鼓吹帝制,实在是莫名其妙。

后来他被保释出狱,并辞去了中国银行天津分行的职务返回上海。如前文所述,徐永祚参与了上海证券物品交易所的筹建。上海证券物品交易所的开办经历了残酷的政治和商业斗争,徐永祚对此不可能不清楚。他的志向本就不是仅做一名优秀的会计人员,交易所不过是他暂时栖身之所,怎么可能久留?

1921年,年满30岁的徐永祚取得了会计师证书。随后,他立即辞去交易所的职务,成立了以自己名字命名的会计师事务所,分秒必争地投身注册会计师行业。

选择很多时候是大于努力的,因为选择本身就是一种更高层次的努力。

徐永祚从此之后的人生,可以用十个字概括:

海阔凭鱼跃,天高任鸟飞。

开办会计师事务所最重要的一件事是要有客户,也就是要有业务;当然,也需要把活儿干得漂亮。徐永祚会计师事务所开业之初就承办了汉冶萍公司和轮船招商局的查账业务。这是我能够查到的中国最早的聘请会计师对大型公司进行审计的史实。其结果不难想象,查出一大堆贪污舞弊和账表失实的问题,工商界大为震动。当时中国的公司无论大小,从来没有接受审计的习惯和经验,加上会计工作和其他管理制度大多非常原始,这样的结果其实很正常。汉冶萍公司和轮船招商局是洋务运动时就设立的大型企业,几十年发展下来,它们的组织结构和管理体系算是比较完善的了,但是在徐永祚这样高水平的会计师看来,这些就跟纸糊的一样,其他的公司可想而知。

徐永祚会计师事务所的业务一炮打响,根本不愁没有客户。委托查账的、委托设计会计制度的、委托他担任常年顾问的,客户一波一波地主动找上门来,徐永祚很快就忙得不可开交。不过徐永祚最拿手的业务是金融类业务。这主要是因为他有银行业和交易所的从业经验及人脉，而且他在早年没少进行这方面的理论研究。徐永祚会计师事务所的大客户以银行、钱庄为主，比如上海金融业的南四行和北四行都曾经是其固定客户，当然也包括一些其他行业的大型企业。这些客户都是"财神爷"，徐永祚想不富都不成。客户优质，业务繁忙，徐永祚的收入像火箭一般上升。在民国时期的所有会计师里面，徐永祚的收入是数一数二的。20世纪30年代后期，徐永祚买下了法租界高安路99号（当时叫高恩路）的花园式独立洋房，带着全家人住了进去。要知道这可是黄金地段的天价房产，那时普通人做梦都不敢想。

不久，光华大学、复旦大学先后将徐永祚聘为会计学教授，他迅速成为整个上海金融和工商界的名人。

无独有偶。徐永祚在上海开办会计师事务所不久，会计师吴应图也在上海开办了自己的事务所。吴应图是留日归来的商科大学毕业生，做过北洋政府的议员，当过《中华新报》的记者，富有政治眼光和组织能力。他也是一个大会计师，同时兼任几所大学的会计和经济学教授。1924年，他和徐永祚、徐广德等7位会计师发起筹办会计师公会。1925年3月，上海中华民国会计师公会成立，这是中国最早的会计师专业团体（1927年更名为上海会计师公会，因此下文统称上海会计师公会）。这个公会出现的意义重大，会计行业要想发展壮大，首先就要实现组织化和规范化，而行业公会的成立是会计组织化的基础。吴应图在上海会计师公会成立的那一天，便和会计师赵祖慰一同向北洋政府上书《提议请愿修改检查人制度案》，意图在公司法等法律中明确会计师法定的审计地位。

上海会计师公会成立2个多月后，五卅运动发生了。会计师们意外地"投身"这场与帝国主义列强正面抗争的伟大运动，并贡献了自己的一份力量。

1925年6月初的一天，徐永祚正在办公，有人向他报告，说来了一个人要见他商议要事。徐永祚把这个人请了进来。

门开了，进来一位二十几岁的年轻人，身材清瘦，穿着一件很普通的蓝竹布长衫,眼神清澈,英气逼人。来人向徐永祚递过名片,上面用楷书工整地写着三个字:刘少奇。

徐永祚并不知道这个名字。刘少奇自我介绍并说明来意:他是刚刚成立的上海总工会的总务科长,负责总工会捐款事宜。他说,日英等列强屠戮我同胞的情况,先生定然已知。来此有一事相求,请徐先生到上海总工会查账,对工会在接受和使用上海各界捐款中是否存在造假和贪污挪用等情况作出证明。

刘少奇说得很明白了,但我需要再补充一下,让大家了解一下这件事的来龙去脉。五卅运动开始后,虽然上海工人的罢工得到了各界的支持,筹集捐款达到数十万元,但是有人冒充总工会人员并伪造票据强收捐款,然后到处造谣上海总工会领导中饱私囊。如果不能洗清"罪名",罢工运动命运难测。刘少奇听说上海会计师公会曾经公告,承诺为其会员义务办理与五卅运动有关的查账业务,因此刘少奇抱着试试看的态度,来到上海滩这家大名鼎鼎的会计师事务所探听虚实。

徐永祚没有迟疑,欣然应允。义务办理五卅运动有关查账业务是会计师吴应图提出的,包括徐永祚在内的所有会计师都支持这个提议。今天既然上海总工会提出请求,岂有不准之理?

徐永祚马上就安排人手到上海总工会查账,这令刘少奇十分感动。这时的上海正被奉系军阀统治,工会历来就不是军阀、资本家,还有北洋政府所乐见的。虽然在五卅运动中,政府、军阀与工人站在一起,但将来的分道扬镳不可避免。虽说上海会计师公会已有公开承诺,但是外国军队已经开进上海,租界已经戒严,差不多每天都有中国人因为游行和抗议而被外国人打死,有多少有钱人真的愿意为了所谓的"爱国情怀"去蹚这浑水呢?

徐永祚说到做到:1925年6月至8月,徐永祚会计师事务所花了2个多月时间,检查了上海总工会的收支账目。同年8月12日,查账结果在《民国日报》和《上海总工会日刊》上公布,审查结论为"所列收支确与簿据之记载符合",下有徐永祚的署名。作为知名的会计师,徐永祚的个人声望无人敢质疑,故这个结论让工会领导贪污捐赠款的谣言不攻自破。但这么做的风险很大,因为这个时候"淞沪戒严司令部"已经封闭了3个主要工会,并会同租界当局查封和袭击了120个工会组织和工人俱乐部,上海总工会被清理不过是早晚的事情。对于徐永祚挺身而出,为上海总工会洗刷莫须有罪名的这个义举,现在能够查到的资料极为有限。但是,历史是公正的。以徐永祚为代表的会计师在维护国家利益与民族尊严的大是大非面前,没有因为个人利害得失而退缩。

而吴应图,那个提议给五卅运动提供免费查账服务的会计师,却在这个时候与世长辞。1925年10月初,在五卅运动已近尾声时,吴应图因病去世,享年40岁。同年10月11日,上海会计师公会为这位著名的会计师举行了隆重的追悼仪式。他是一位会计学家和审计学家,但是他的绝大多数著作都是在他去世后才得以出版发行。他的《审计学》是我国最早的审计学著作之一,他翻译的日本会计学家吉田良三所著的《会计学》是近代不可多得的、系统全面地介绍西方会计学的大学教材。他的《人口问题》《殖民政策》《资本问题》《国际贸易》等著作显示了他在社会、经济、金融等领域的精深造诣。所有的一切都让我们感到惋惜。他像是一颗流星,在中国近代会计行业的天空中一闪而过。

虽然损失了一员大将,但是中国会计师行业的队伍仍然在不断发展壮大。仅仅在1923年这一年,就有23人取得会计师证书,1924年为73人,后来更是逐年增加。中国会计师行业的发展第一次走上了"快车道"。

第七章　浪子回头

天行健，君子以自强不息。

——《周易·乾·象》

1920年的除夕夜[1]，一个名叫潘序伦的27岁的年轻人站在了命运的十字路口。

是继续沉沦还是振作奋起？他在不停地拷问自己。

当时潘序伦是江苏省宜兴县蜀山镇的一位失业青年。尽管他曾经在南京读过大学，还在家乡当过小学和中学老师，在民国时期算得上是一个标准的高级知识分子，但是他此时已经陷入赌博中难以自拔，连他的结发妻子储氏都拦不住他了。

人最害怕的事情就是直面真实的自己，潘序伦也不例外。那天一位姓周的同学，让潘序伦在人生中第一次体会到了这种恐惧。这位同学春节回家探亲，和潘序伦闲聊了一会儿。这位同学觉得自己学历太低，没有什么前途，他听说现在很多人去法国勤工俭学，所以也想着凑点钱到法国去留学。

简单的几句话，对于潘序伦来说，可以用四个字来形容：

石破天惊！

潘序伦内心的防线顷刻间被摧毁了。

潘序伦痛苦地发现，他竟然连这位"普通"同学都远远不及了！

要说家境，自己的曾祖父是举人，自己的母亲死后被光绪皇帝诰封为四品"恭人"。虽然不能算是官二代（父亲没有做官），多少也是和官宦之家沾边的，这个同学比得了吗？要比年龄，自己尚且年轻一些。要比天资，自己从小到大都是学霸——镇上新式学堂蜀山小学招收的第一批学生中，自己就是第一名；到了浦东中学自己还是经常拿第一，而且在中学时期还参加了天津高等工业学校入学考试，也是第一！南京民国法政大学肄业后（该学校停办所致），自己考入南京海军军官学校的无线电收发班，在1300名考生中还是第一名，毕业考试科科满分，继续全班第一！

为什么自己样样比同学强，可还是落到如今这般境地？

要是这个同学几年后留学回来，自己的脸可往哪里搁啊？

潘序伦开始梳理自己将要消逝的青春，一个将一把好牌打成烂牌的悲惨青春。他在内心深处一次一次地质问自己：为什么无线电收发班毕业时,自己被对口分配到军舰上当无线电收发报员却装病不去?为什么在南京造币厂当翻译和技术员时,自己心安理得地不干活却拿着高薪?为什么回到家乡后,自己在镇上中学当老师,却被全体老师和学生鄙视?为什么在校长被闹学学生赶走后,自己只能辞职回家在乡间赌场混日子?

还不是怕吃苦受累?还不是总想躺着挣钱,甚至是一劳永逸?

懦夫!这才是最真实的自己!

"我也要出国!我也要留学!我不能再赌了!"在人生重要的一个十字路口,潘序伦用一个晚上给了人生一个全新的选择。

决心已定。潘序伦天刚亮就向老婆储氏表示:从初四起,我绝不再赌了。我要和周同学一样,留洋读书。他老婆是怎么表态的我们不知道。但对此,他二哥直接兜头浇了他一盆凉水:"你还是安分守己在家好好度日吧,我们的祖先还没有这种福分,会生一个出洋留学的子孙。"二哥的话不是没有道理,许多赌徒都对亲友说过要改过自新,要从头再来,但是信这种话的人多数都以失望告终。

潘序伦思来想去,最后决定去找浦东中学的老校长黄炎培先生。尽管自觉羞愧,潘序伦也只能硬着头皮去求他了。

老校长很痛快地对他说:"你去上海大同大学吧。"上海大同大学是当时著名的私立大学——老校长很给面子了。没想到潘序伦得寸进尺,竟然说:"我想去上海圣约翰大学补习行不?就是做个旁听生也成,您给我写一封介绍信吧。"上海圣约翰大学是中国第一所现代大学,当时的口碑极好。潘序伦这是"狮子大张口"。不过老校长就是老校长!他提笔写了一封介绍信,让潘序伦带给在上海圣约翰大学任教的朱友渔教授。朱友渔把他引荐给了校长卜舫济。

上海话和国语(当时的普通话)都很流利的卜校长用英语和潘序伦交谈,结果口语不过关的潘序伦只能用几声"yes"和"no"来回答。卜校长最后决定收他做特别生,实际上就是旁听生,主要是看在黄炎培的面子上。黄炎培是当时知名的教育家,民国时期还做过教育总长,这点面子还是有的。

于是潘序伦重新开始了求学生涯。

上海圣约翰大学是一所教会学校，用的都是英语教学资料。就连学生私下交流也要用英语，潘序伦英文水平看起来是最低的。其实潘序伦在镇江中学当老师的时候，曾经靠背诵商务印书馆出版的《英华袖珍字典》来排解苦闷，并且把字典背得滚瓜烂熟。可是潘序伦把字典背熟了还是不会听说和写作，主要原因在于缺乏语言环境。潘序伦进入上海圣约翰大学以后，他的学习热情又被点燃了，于是夜以继日地苦学。大家看了都很感动，学校嘛，谁不喜欢爱学习的学生？校长卜舫济及经济系主任雷曼教授私下对他说，只要在期末考试中，他的各科成绩都达到70分以上，学校就允许他跳级读大四。他一听就更拼命了。果然，他在期末考试中真的是科科都达到了70分以上（其实有资料说有一科没达到）。他直接以正式生的身份上了大四，读的是文学专业，属全校第一例。大四第一学期他是全班第二名，在第二学期的毕业考试中，他得了全班第一。潘序伦还延续了他背诵英文词典的奇迹，在全校英文作文比赛中，他得了唯一的一块金质奖章。1921年的夏天，潘序伦顺利毕业。

毕业后，照理说潘序伦应该考虑留学的事情了，不过他这时想的不是如何留学，而是如何早日找份工作来养家糊口。留学需要钱，在那个年代能留学的多数非富即贵，而他因为家道中落，没钱留学了。非但没钱，他还有老婆和孩子要养活（有了个女儿）。他靠着家底和大哥、二哥等亲友接济还能撑一阵，但是往后呢？先找一个好工作再说吧。

皇天不负有心人。潘序伦在找工作的过程中，在报纸上看到了南洋兄弟烟草公司招考留学生的广告。若能考上，就能得到助学金、往返路费及食宿费，但是需要学校保送。这和公费留学没有差别，他赶紧向学校申请，学校也很支持他。结果留学考试成绩出来，在学校保送的四个人中，潘序伦的成绩排名第一。然后是选留学专业。那时一般人都选银行货币学专业，其实就相当于今天的金融学。不过潘序伦不随大流，他是个很有想法的人。他觉得无论从应用范围看，还是从发展前景看，会计都比银行货币学更好，所以他选择了会计学专业。历史最终证明了他的眼光。

第七章 浪子回头

1921年,潘序伦辞别新婚月余的后妻鲍亚晖(民国时期的才女、著名书画家)乘船离开祖国,向着万里之外的美国进发。而此时长潘序伦两岁的徐永祚已经在上海开设了以自己名字命名的会计师事务所,刚刚打响了自己的名头。潘序伦和徐永祚两个人都没有想到,他们日后会成为中国会计和审计行业的大师级人物,他们的会计学思想进行了长达60余年的竞争,而他们两个人作为一生的对手和至交,最终都没能看到这场竞争的终局。

潘序伦在哈佛大学商学院会计学专业就读。读书期间,他不改学霸加拼命三郎的本色,两年间竟然没看过一场电影,没去餐馆吃过一顿饭,一切娱乐休闲生活都没有;他不是在自己租的屋子里,就是在图书馆里看书学习,只花了两年时间就顺利拿到了管理学硕士的学位。然后他再接再厉,到哥伦比亚大学政治经济学院读博。这次他更是废寝忘食,把学校图书馆当成了家,开馆就来闭馆才走,饿了就吃点硬面包,仅一年的时间就完成了博士课程,获得了政治经济学博士学位。在回国途中,潘序伦还到欧洲13个国家考察了一番,多长长见识没什么不好。

回国后,潘序伦先后担任了上海商科大学(上海财经大学的前身之一)教务主任兼会计系主任和上海国立暨南大学商学院院长之职。也有资料说他还在复旦大学、"国立中央大学"等大学兼任会计学教授。在大学教书之余,他还出版了《簿记与会计》《公司理财》两部著作,赚了不少钱。

潘序伦当了两年多的教授,突然决定下海。按照他本人的说法,他是看到了除大型银行外,中国多数企业还在使用落后的中式会计,他想改变这个状况。我觉得这话不假,但是还有一条没有说——徐永祚的模范作用太强大,让他这种高级"海归"的尊严受到了严重的伤害:难道我堂堂的留美名校博士还不如一个没出过国的普通大学毕业生!

这是个冒险的决定。因为潘序伦在大学做老师的收入可观,教授的身份更是让人羡慕,从象牙塔出来创业确实需要相当大的决心,尤其是在当时动荡黑暗的北洋政府时期更是如此。

成败看淡,说干就干!

1927年1月，潘序伦在上海延安路创办了以自己名字命名的会计师事务所。

潘序伦没有像徐永祚那样一炮打响。这很正常，他没有徐永祚那样的关系和背景。但是潘序伦有耐心，一切慢慢来。事务所初创的时候规模很小，算上潘序伦一共才6个人，其中正式员工2人，兼职2人，还有一个是打杂的临时工。到了7月，事务所招来了12岁的顾准做练习生。当年的秋天，事务所承接了一个代理业务：代表上海闸北房产联合会向国民政府要求返还重复的摊派（特捐）。这个业务办得很成功，房产联合会也很大方地给了事务所好几万元酬金。牌子打出去了，事务所的业务渐渐多了起来。第二年年初潘序伦还做了上海会计师公会的常务委员，当然这时他的声望还是没法和徐永祚相提并论。

1927年，一个名叫奚玉书的人加入注册会计师行业。奚玉书是上海人，复旦大学商学院会计系毕业，于1927年获得政府颁发的第一号会计师证书。他在这一年进入上海公平会计师事务所执业，第二年和潘序伦一起成为上海会计师公会的常务委员（也有资料说是执行委员）。

这里我还要说说大会计师谢霖。1926年，谢霖和北京、天津的会计师发起设立了京津会计师公会。各地会计师公会在规范会员行为、争取注册会计师审计的法定地位、与政府协调、参与财税金融立法等方面做了很多工作。尤其值得一提的是在禁止外国注册会计师在中国执业方面，各地会计师公会起到了主要作用。1926年，趁着五卅运动中民众反帝国主义热情高涨，上海正在为收回会审公堂与外方交涉之际（这属于一种治外法权），京津会计师公会呈文提请北洋政府外交部和农商部禁止外国注册会计师在中国执业查账，指出这种行为违反了国际惯例和中国的法规，应该立即予以禁止，以维护中国的国家主权和民族尊严。最终，北洋政府于当年11月初批准同意了京津会计师公会的呈文，在内地禁止外国注册会计师执业。

1927年南京国民政府成立后，曾对北洋政府批准的284名注册会计师的资格进行了复验，不过这284人也分执业和非执业两种，以是否加入会计师公会来简单区分[2]。有资料统计,截至1927年年末,全国会计师公会会员也就是实际执业的注册会计师仅有100多人。他们都是会计界和审计界的精英,为中国的注册会计师事业打下了最初的基础。其中,谢霖、徐永祚、潘序伦、奚玉书被称为民国时期四大会计师,他们分别创办的正则、正明[3]、立信[4]、公信[5]四家会计师事务所被称为民国时期四大会计师事务所。

---

[1] 潘序伦先生的《潘序伦回忆录》,注明的是1919年,但联系后文,他在镇江中学因为五四运动(1919年5月4日开始)而失业回家,在家半年无业沉迷赌博,应该是1920年2月19日除夕才对。

[2] 民国时期,大部分执业会计师都加入了会计师公会,但是强制要求执业者必须加入公会的法律是南京国民政府颁布的《会计师条例》。

[3] 1937年全面抗日战争爆发后,徐永祚将以自己名字命名的会计师事务所改名为正明会计师事务所。

[4] 1928年,潘序伦将以自己名字命名的会计师事务所改名为立信会计师事务所。

[5] 1936年,公平会计师事务所改组,奚玉书单独组办,将事务所更名为公信会计师事务所,并任主任会计师。

第八章　无信不立

人的一切痛苦，本质上都是对自己的无能的愤怒。

——王小波

1928年,潘序伦在上海的会计师事务所已经小有名气。这一年,潘序伦取《论语》中"民无信不立"之意,将以自己名字命名的"潘序伦会计师事务所"改名为"立信会计师事务所"。

　　当时上海作为中国工商业和金融业的中心城市,正处于快速发展时期,对新式会计人才的需求很大。但那时中国教育培养的会计人才多数是大学生,用起来成本太高,中小企业根本承受不起;另外,很多大学生缺乏实践经验。于是有些企业在将设计会计制度等业务交给立信会计师事务所的时候,还请求立信会计师事务所帮忙对自己的会计人员进行培训。

　　立信会计师事务所没有这么多人手,也没有精力和时间,甚至连教室都找不到。总而言之,立信会计师事务所并不是一所学校,本就不可能有搞会计教学的条件,但是直接拒绝客户又不大好。这时潘序伦就想了一个折中的办法——在晚上开个补习班搞培训,培训地点就在事务所,负责培训的老师就是事务所的员工。于是,一个民办的会计培训班诞生了。

　　潘序伦在回忆录中描述,1927年(顾准则说是1928年春天)第一期培训班共23人,主要对象是青年职员和练习生。当时只是教授高级商业簿记(会计)一科,收费不多,保证不赔本而已。第一期效果太好,于是第二期报名的人数大大增加,事务所内的教室容纳不下了。潘序伦在河南中路吉祥里买了一栋两层楼的房屋作校舍,成立了"立信会计补习学校"。学生除原来的在职青年外,又增加了失学、失业青年。学校还是在晚上上课,教授一门课程,学制为半年。后来立信会计补习学校的名气越来越大,课程不再只有会计一种了,教课的时间也不再限于晚上,形式不再只有夜校,晨班、星期日校、速成班都逐渐出现了,很好地满足了企业对新式会计人才的需要。按照潘序伦的回忆,补习学校一直办到1947年,20年间办了40届,前10年招收了4 783人,后10年招收了30 476人。后来,潘序伦的培训学校越办越大,招收的学生越来越多,最终学校演变为正规的会计职业教育学校,比如函授学校(1930年)、立信会计专科学校(1937年)、高级职业教育学校等。这些学校为中国培养了大量会计和审计人才,据统计,1927年至1948年,这些学校培养的会计专业人才超过了10万人!这可是在民国时期!

不得不强调的是,潘序伦办教育和今天的民办教育特别是贵族教育是完全不一样的。最根本的一点是:潘序伦办教育就没想过挣钱,他是真心想为国家和民族培养人才,当然也包括扩大"立信"品牌的影响和增加自己的知名度。立信学校的收费很低,招生尽量向那些家境贫寒、失学、失业之类的年轻人倾斜,也招收女生。在教学中,立信学校实行近乎军事化的严格管理,考试非常严格。同时,学校安排学生到事务所和企业实习,真操实练。立信学校毕业生的口碑很好,多数都能很快找到工作,在那个包括职业教育在内的各级各类学校毕业生就业率惨不忍睹[1],甚至可以说"毕业即失业"的时代,这是了不起的成就。

还有一点我要补充,潘序伦办学校不是一点钱也不挣,而是挣得真不多,基本上是精打细算之下,收支相抵、略有盈余而已。立信学校在20多年间不断扩大学校和招生规模,资金主要来自潘序伦的个人积蓄以及立信校友和社会各界的捐助,可以说是真正的公益办学。

除了搞教育,"立信"的主业还是事务所的审计和会计服务等业务,在业务规模和收入上,立信会计师事务所在整个民国时期都是全国事务所的"领头羊"。立信会计师事务所的核心竞争力来自不作假。这个要求看上去很低,实际上却很高,事务所不作假应该是底线,难就难在永远保持不越过"底线"。潘序伦把"立信"这个牌子当成了自己的生命,"立信"在整个会计行业中的口碑是众人公认的。用潘序伦自己的话说,就是要做到"信以立志,信以守身,信以处事,信以待人,毋忘立信,当必有成"。要坚持这个原则,立信会计师事务所难免会丢失许多客户和业务,但是"立信"的牌子却立起来了。很多大公司慕名而来,请立信会计师事务所查账或者设计会计制度等,南洋兄弟烟草公司、申新纱厂、永安纱厂、邮政汇金总局、中国红十字会等都是其客户。

靠着诚信经营和不断努力扩张,立信会计师事务所最终实现了超越老对手正明(徐永祚)会计师事务所的目标。

在民国时期落后的市场经济发展状况之下,会计师事务所的生存空间非常有限，很多会计师事务所其实收入不高，大部分会计师要靠在学校、企业或者政府兼职才能过日子，这个"大部分"具体是个什么比例呢？上海会计师公会"会计师兼职问题之调查"中的数据显示，1934年年底，238名会员中约有180名存在兼职情况，按比例计算达到了75%以上，这还是在会计师行业最发达的上海。从全国来看，有些会计师公会会员兼职的比例竟然高达100%。按照《会计师条例》等法规的规定，会计师不得兼任企业经理与董事等高管，不过这一规定因为严重脱离现实而未得到严格执行。

那个时候还有一件事情比较有意思，就是会计师事务所的一项很重要的收入来源是代办注册登记。按道理来说这本应是律师或者其他社会中介组织的业务，会计师的责任仅限于出具其中所需要的验资证明（报告）。代办注册登记成了会计师的法定业务之一，其主要功劳在于徐永祚。徐永祚在执业时做过不少注册登记方面的工作，他觉得在会计师业务起步阶段，在业务不多的情况下增加这样一项业务是件好事，所以他在起草《会计师注册章程》等时特意加了这一项。根据复旦大学学者傅瑞盛的统计，立信会计师事务所自1927年至1936年，办理注册登记方面的业务数量达到2 812件，比审计（查账）业务的1 142件多出近1.5倍。

无论是会计师兼职还是以代办注册登记为主业，都是出于现实的考虑。国家动荡、经济凋敝，全社会对会计师的作用认知严重不足，愿意聘请会计师查账和咨询的工商企业少之又少，会计师必须给自己找活路。这没有什么可以苛责的。注册会计师要想活下去，必须自己想办法扩大业务范围。

当时的主要出路有两个：一个是中式会计改良，即设计和改良（改革）原有的中式簿记，这属于咨询类业务；另一个是所得税审计，这属于法定鉴证类业务。

但是这两个都是说起来容易做起来难的事情。比如所得税，从北洋政府1914年1月推出《所得税条例》并最终不了了之，到1936年7月南京国民政府正式出台《所得税暂行条例》并在全国推行，所得税立法与执法经历了二十余年的激烈博弈，远水解不了近渴。

至于中式会计改良,它似乎要容易一些,毕竟其对政府立法的依赖性没有那么强,矛盾也不是那么不可调和。除了上海、北京、天津这样的大城市的少数大中型企业,中式会计改良实在是不算流行。造成这种情形的原因颇多:一是没有权威的标准。怎么改,改成什么样子,没有权威的组织或部门出来说清楚。二是中式会计本身就是一个大杂烩,重实践,轻理论,会计核算和记账规则高度不统一,缺乏标准化、规范化的理论总结和政府强制规范。其结果就是虽然中式会计几千年来师徒相传没有中断,还有所发展进步,但限于个人素质和从业经验等方面的差异,从这个企业出来的账房先生,很可能就看不懂另一个企业的账房先生所做的账簿。面对这种复杂的情况,谁都难以在短期内弄出一个标准化的改革操作流程和比较适当的改革目标。一方面,企业会计制度不能满足企业管理和社会发展需要;另一方面,注册会计师业务面狭窄。因此,应积极思考应对方式,有效打开局面、解决痛点。

---

[1] 郭友琪在《社会问题与教育转型——试论民国时期的学生就业困难(1912—1937)》(《学理论》2011年第11期)中指出,此时期中国各级各类学校毕业生就业率基本不超过50%,比例极低,可见各级各类学校的毕业生不能就业者极多,"毕业即失业现象"之严重。

第九章　君子之争

> 感觉到了的东西，我们不能立刻理解它，只有理解了的东西才更深刻地感觉它。感觉只解决现象问题，理论才解决本质问题。
>
> ——毛泽东《实践论》

中式会计改良运动最终能够在全国推广开来，并形成热潮，经历了一个漫长的过程，其中贡献最大的人要属徐永祚。

早在1917年担任《银行周报》主编的时候，徐永祚就在该报上开设了一个会计研究的专栏，发表了很多专门讨论中式会计改良问题的文章。1921年徐永祚开办事务所后，事务所承办业务中就有会计制度改革这一项。1921年至1933年，事务所一共承办了300多件会计改良业务，超过其他事务所。徐永祚也会发表演讲，论述中式会计改良的必要性和改良的具体心得，很多大学以及中国经济学社都请他去演讲。他还在《会计学报》等报刊上发表了多篇关于中式会计改良的文章。但是工商界实际按照徐永祚的思路去改革的并不多，主要原因是徐永祚的倡议中没有普适性的实施方案，可操作性差。这也怪不得徐永祚，原因在于中式会计记账方法繁杂，会计人员水平参差不齐，很难制订具有广泛适用性的标准化改革方案。

1933年，经过多年的理论研究和实践积累，徐永祚的中式会计改良方案已经完备，他打响了中式会计改良的攻坚战。

1933年1月1日，徐永祚的事务所出版了专业会计刊物——《会计杂志》。这个期刊创刊号的发刊词这样概括创刊宗旨："举凡关于会计经营、工商法规之原理、原则及实际问题，均欲有所论列。以其达到改良中国固有会计制度、介绍各国最新会计学说之愿望。惟是任重道远。"这也是中国会计行业改革开放的宣言。这本按月发行的刊物成了中式会计改良的桥头堡。徐永祚把他1928年发表的《改良中国会计问题》等文章以及1933年新著的《改良中式簿记方案》等作品发表在该刊物上，同时也发表了其他会计师和会计学者关于中式会计改良方面的文章，算是造足了声势。

显然，徐永祚觉得这一切还远远不够。1933年12月15日，他将自己辛苦多年撰写完成的大作——《改良中式簿记概说》一书通过自己创办的徐永祚会计师事务所正式出版。

这是一部纲领性著作，它将中式会计改良运动推向了一个新的阶段。在此之前，还没有一本会计学著作对中式会计进行过详细系统的理论阐述,更没有一本会计学著作对中式会计与西式会计的优缺点进行细致入微的比较分析。更可贵的地方在于,这本书提出了中式会计向西式会计过渡的具体改良方案——用收付记账法改良中式记账方法、用账簿分割法改良中式账簿组织、用统辖记账法改良中式账簿登记、用四柱结算法取代西式平衡结算。这本书的出版,标志着中式会计改良的高潮正式到来。

但是徐永祚是不会将中式会计改良工作的开展仅限于出几本书或是发表一些文章的。这种推广方式对普通人的冲击力比较有限,徐永祚有更大的动作。

1933年12月24日,徐永祚在上海市商会议事大厅举办了一场声势浩大的关于改良中式会计的演讲和展览。这是徐永祚应上海市商会的邀请所做的演讲,实际上也是徐永祚主动与商会沟通,请求商会支持的结果。为这次演讲和展览题词、捧场的名人众多,有国民党主计处主计长陈其采,主计处会计局局长秦汾,实业部长陈公博,教育家黄炎培,徐永祚的好友、银行家张公权,上海市商会主席王晓籁(致开幕词),杜月笙等。作为中式会计改良的主帅,徐永祚的个人实力和个人魅力是毋庸置疑的——他在现场的表现一点儿都不输于现在的大师或超级明星,整个展览参观者有近万人,场面非常热烈。学者高波曾经回忆徐永祚的演讲:"老成持重、神采奕奕、举例周详、很使人倾倒",正所谓"盛名之下,岂有虚士"。

如此造势还是不够。徐永祚还利用主流媒体对这场展览进行了强力推送。上海同时也是全国第一大报《申报》在演讲前刊登了社会各界对中式会计改良的评论,在演讲和展览后及时报道并出了整版的专刊。1933年12月29日、30日,演讲录音在当时的新闻主流电台播放,这算是那个时代中国最先进、最高端的传播方式了。

这些事情做完了,徐永祚觉得还可以更进一步。

于是他把自己的得意之作《改良中式簿记概说》主动赠送给了潘序伦,征求批评意见。其实这哪里是征求意见,这是赤裸裸的挑战!潘序伦是美国名牌大学毕业的博士,徐永祚是没有出过国的上海神州大学的本科毕业生。潘序伦主张"全盘西化",一步到位地使用借贷记账法;徐永祚主张循序渐进,先以"改良版收付记账法"作为过渡。一个要革命,一个要改良,一个蒸蒸日上(潘序伦),一个如日中天(徐永祚),分明是开打的节奏。果不其然,潘序伦接到"战书"后,于1934年1月15日写作《为讨论"改良中式簿记概说"致徐永祚君书》,发表于《立信会计季刊》(第2卷第4期),矛头直指"改良派"的主帅徐永祚本人。这篇文章写了什么,我们不细表述,就说其中的一个主要观点:会计在科学上不分中西,分中西只是风俗习惯而已。潘序伦在这篇文章中指明:"科学原理原则,彼此固无二致,何来中外新旧之分?"翻译成白话,就是万有引力定律之类的科学原理没有什么古今中外之分,不能只因为我们生活在中国,就愣说苹果不往地上掉吧?这论点相当难以反驳。不光潘序伦,其手下的大将钱乃澄(副主任,潘序伦的副手)、顾准等人也纷纷发文驳斥改良派的主张。很有意思的是,徐永祚代表的改良派对此基本没有正面回应。徐永祚本人的做法是把一些改革派的文章发表在《会计杂志》上,如蔡受百的《改良银行会计制商榷》和李梦白的《改良中式簿记账簿格式及其登记法之商榷》,让读者自行选择和判断。

种种造势之下,效果出奇的好!用1935年11月李梦白在《关于改良中式簿记原理之另一贡献》中的话说:"登高一呼,各界响应。综计一年之内,先后采用者,竟达数千家之多,其收效之宏,推行之速,诚有出人意表者。"

当然,这些成就并非徐永祚一家会计师事务所的功劳,立信会计师事务所和其他会计师事务所也作出了自己的贡献。不过立信会计师事务所的会计改革方案比较适用于大型民族企业。截至1937年,立信会计师事务所成立后所有的改良业务共有229件,但是因为立信会计师事务所的很多客户体量和规模较大,所以其实际影响力并不小。

今天看来,会计改良和会计改革的主张都有自己合理的理由。会计改良更加符合国情,尤其是在中小企业中简便易行,故很受欢迎;会计改革更科学,对于大中型企业尤其是新设大中型企业而言,一步到位的西式借贷记账法才是更好的选择。因此,政府对两类主张下设置的账簿均予以认可。政府除规定股份制公司等大型公司必须实行西式会计外,任由企业自行选择会计制度。直到1992年中华人民共和国第一版《企业会计准则》颁布,借贷记账法正式成为企业唯一的法定记账方法,这场改良与改革之争才正式结束。

1935年,一向繁忙的徐永祚又接手了一个重要的任务:参与拟订所得税法的草案,尤其是对会计账册设置问题的商讨。从清末至民国时期,所得税这个关系到国计民生的核心税种一次又一次推行失败。对此,康有为的外孙麦健曾在《新订所得税条例评议》[1]中指出所得税难以推行的主要原因在于政局混乱、会计不全、人民缺乏国家思想。但彼时中国糟糕的财政状况决定了所得税开征已经势在必行了。

1936年,《所得税暂行条例》颁布,这一天后来被国民政府命名为"直接税节"(所得税是直接税中最主要的税种)。主持这次所得税开征的财政部直接税筹备处主任、直接税署署长高秉坊则被人们称为"所得税之父"。所得税如此受到重视,原因在于它的实行在全面抗战爆发时拯救了国民政府的财政。所得税几乎填补了沿海城市和地区陷落带来的税款流失(主要是关税、统税等)。

开征税种时,政府主要担心发生偷税漏税的情况,不过所得税筹备、开征之初,政府更担心的是如何指导企业建账和进行税收征收培训。

应该说,在所得税推行的过程中,注册会计师的功劳非常值得一提。原因很简单,无论是建账,还是税务咨询和培训,都很难找出与注册会计师匹敌的人才来。而注册会计师又利用这个契机,大大地提高了自己的社会地位,更拓展了业务范围。徐永祚就不用说了,他深度参与了所得税法的拟定;谢霖、潘序伦等也都不甘落后。谢霖以正则会计师事务所的名义出版了《自由职业者会计制度与所得税》(与陈德容合著),使得对医生、律师、记者、会计师等这类高收入的"自由职业者"征税成为可能;而潘序伦的立信会计师事务所因为人才济济,为所得税的推行立下了汗马功劳。潘序伦自己和事务所的会计师发表了《所得税原理及实务》《各工商厂号在所得税法施行前亟应有之准备》《施行所得税与会计上估价问题之关系》等多部关于所得税的专著。同时,潘序伦在立信会计补习学校设立所得税课程,培训税务人才，到各地商会甚至是实业部去进行所得税法方面的演讲，针对所得税施行方面的问题向政府部门提出改进建议，凡此种种，不一而足。

由于所得税的推行，以及工商、金融业的发展，中国会计师在1937年达到了1 488人。对比1927年的284人，10年间会计师的人数增加了1 204人，增长了4倍多。考虑到中国当时还是一个工业化水平高度落后的国家，这个增长速度已然非常不易。

---

[1] 载于1935年《国闻周报》第12卷第12期第1页。

第十章　赤胆忠心

红岩上红梅开，
千里冰霜脚下踩。

——阎肃《红梅赞》

1943年1月,两位女会计师从上海出发,取道西北公路,经过陕西省的西安、宝鸡,然后是四川省的成都,最终抵达重庆。

这两位中年女性是如何在寒冬时节,通过重重关卡,辗转数千公里来到重庆的,只有方圆的《立信会计实业贡献者:钱素君》等少数文献作了寥寥数语的记载。西北公路是当时抗战的一条生命线,而能走上这条生命线并到达重庆,在那个兵荒马乱、命如草芥的年代,其中的艰难险阻远非今天过太平日子的年轻人所能想象。

这两位会计师就是当时国宝级的会计学家和审计学家:张蕙生和钱素君。

作为民国时期极为稀缺的女性注册会计师,她们的这种举动实在是过于冒险。我这样说,可能很多读者不理解。因为今天的中国注册会计师,性别比例基本是五五开,并且女性占比还在上升[1],会计行业更是"阴盛阳衰"。但是在民国时期,女性会计师几乎是看不到的。不过我也得说句公道话,在第二次世界大战之前,从世界范围来看,女性注册会计师也是个别现象,整个审计领域基本上是男性一统天下,女性即使从事审计行业,也不过是做秘书一类辅助性的工作。第二次世界大战后,女性大量就业弥补了劳动力的缺口,女性的社会地位也随之空前提高,于是会计行业的性别壁垒也被打破。不过即使是这样,和会计行业相比,女性要想进入审计行业也相当困难。

这两位女性会计师本身就是宝贵人才,她们还志在培养宝贵人才——作为留守在上海的立信元老,她们此行的目标之一,就是帮助潘序伦在重庆振兴立信的事业。

作为立信当家人的潘序伦很有钱,但还没到一个人就能办大学的程度。潘序伦1893年出生,到1943年整整50岁,在知天命之年,一向节俭低调的他竟然公开宣布自己要"过寿"。消息一出,遍及全国的立信学生和校友很多都来随份子。于是潘序伦一次性收了40多万元法币,在重庆市内筷子街盖起了一栋建筑面积约为3 000平方米的三层楼房,作为校舍和立信会计师事务所办公的地方。

比起建校舍，潘序伦更需要的是得力的人才来管理学校。当年 8 月，张蕙生被教育部任命为立信会计学校的总务主任，钱素君被任命为教务主任。潘序伦创办的学校向来口碑很好，除了因为潘序伦的办学作风严谨朴实，还因为学校有张蕙生、钱素君这样超一流的教师。

让我来简单地介绍一下这两位名师。

张蕙生比潘序伦小一岁，是中国第一位女会计师。她小时候家里经营着对开于上海和平湖之间的轮船运输生意，家境殷实。由于是女孩子，童年和少年时期的张蕙生并未入学接受教育。1911 年前后，张蕙生的一位表妹因为争取入学不成而悬梁自尽，消息传来，张蕙生的父母慌了：我家闺女最近也闹着要上学，性子也很刚烈，她不会也干出这种吓人的事吧？二老思前想后，决定还是让闺女上学。18 岁的张蕙生由此获得了一次宝贵的求学机会。1912 年春，她得以进入平湖县淑英女子学校就读。

张蕙生无比珍惜这个来之不易的机会，由于天资聪颖、勤奋好学，她只花了 1 年半就读完了小学。小学毕业后，父母以打一只金镯子作为交换，要她和姑姑学习女红，做一个"大家闺秀"。张蕙生的志向岂是一个金镯子能够收买的？一番斗争之后，她得以继续读书。

1914 年，张蕙生升入中国教育会在上海举办的爱国女子中学（原名爱国女学校）。爱国女子中学成立于 1901 年，它提倡男女平等、妇女独立。在这所"旨在完全人格，使得国家隆盛而不衰替"的学校中，张蕙生接受了当时中国最先进的教育。而张蕙生一生的挚友钱素君，也同样在 1914 年入学，在 1917 年毕业。

毕业时，张蕙生和钱素君都已经 24 岁了，是大龄学生。张蕙生还想继续深造，最好是出国留学，但是无奈家道中落，她只能另想办法。至于钱素君，根据资料推测，她的情况和张蕙生差不多。于是张蕙生就去寰球中国学生会附属小学堂做小学老师，兼做家教和校外辅导，为出国留学攒钱。寰球中国学生会是当时最有实力的留学服务机构，实际承揽了北洋政府时期教育部及各省公派留学和出国考察乃至自费留学的一切相关事宜，影响力惊人。据资料统计，仅仅在 1919 年 3 月到 1920 年 12 月不到两年的时间内，该学生会就先后组织了1 800余人赴法勤工俭学，其中就有周恩来、邓小平、陈毅、蔡和森、聂荣臻、向警予等著名人物，没有人会想到他们之中有好几个人决定了中国命运的走向。

和爱国女子中学相比，寰球中国学生会的革命倾向有过之而无不及。张蕙生也受到了巨大的影响。该学生会几乎全程参与了五四运动。1919年5月9日，寰球中国学生会在上海召开国耻纪念会，发言者讲述了丧权辱国的"二十一条"的签订经过，会场上下群情激愤。纪念会结束后，张蕙生立刻带领学生们走向街头，到江湾、浦东等地向群众发表演讲。这是我最神往的一个场面——一位青年女性站在高处，身着灰色的上衫和下裙，围着一条长围巾，慷慨激昂地发表救国演说！

3年后的1920年，张蕙生终于攒到了出国留学的旅费，她和同样刚刚凑够学费的钱素君一同于8月乘"南京号"离开了祖国，进入美国的加利福尼亚大学攻读商学，开始了长达7年半工半读的留学生涯。

在美国，张蕙生的求学生活相当艰苦。学者葛文菊这样写道：

"加利福尼亚大学的学制是四年，可张蕙生为什么要学上七年呢？原因就在于'穷'！最开始，她经介绍去一个家庭帮助洗碗碟，做饭菜。此后，到'中国美术公司'承做竹篮上绘花的加工工艺，还到水果加工厂削果皮、劈杏核，在暑假期间到太平洋西岸的避暑胜地当临时服务员，尽管如此奔忙劳碌，在上学时吃午饭，经常只是凉水灌面包，经济十分拮据，要随时为学费和生活费到处张罗。更有一项额外的负担，即除了学杂费和医药费，非美籍学生每年还得交纳200美元（注意是20世纪20年代的200美元）的'非本地居民费'。这对张蕙生，更不啻是雪上加霜。然而她咬紧牙关，就是一意拼命地干，为求知而省吃俭用。这种苦学精神，是非常感人的。"（有删改）

梅花香自苦寒来。1927年，张蕙生和钱素君同时学成归国。张蕙生在卫生署的海港检疫处任会计主任。3年后，她离开政府机关，取得会计师证书，成为中国历史上第一位女性会计师。同年，张蕙生以会计师的身份加入立信，成为立信的骨干力量。至于钱素君，她先在机关和私营企业任职,后来也加入立信,并成为立信"三位一体"事业的主要贡献者。

两位好友在立信会计师事务所中是称职的会计师,承接业务、出具报告;在立信会计专科学校里,她们是优秀的老师,互相配合,教书育人;在立信会计图书用品社(即现在的立信会计出版社),她们出版著作,相得益彰。这两位女性对立信贡献颇大。当然,立信的"功臣"太多了,比如钱乃澄、顾询、李文杰、许敦楷、郭驹、李鸿寿、蔡经济、王澹如、陈文麟、王逢辛、唐文瑞、施仁夫、管锦康等,不过这些人都是男性,限于篇幅,本书略过。

张蕙生还有一个重要的身份,那就是潘序伦的第三任妻子。两个人具体的结婚日期不详,根据资料推测是20世纪30年代末或40年代初,当时两人都已年过不惑。

婚后到退休前的绝大部分时间,潘序伦和张蕙生就住在学校的教员宿舍中,生活很简朴。当然,这不是因为没钱。这是两个光靠版税就能活得相当滋润的会计、审计专家,潘序伦还被称为"中国现代会计之父",要说他们没钱,那根本就是不可能的。别忘了,在当时,立信会计师事务所是全国最大的会计师事务所,立信会计图书用品社是全国最大的会计专业出版社,立信会计专科学校是全国最大的私立会计专业教育学校,潘序伦怎么可能没钱?但是这家人确实很穷,原因只有一个:在张蕙生的默许或者说鼓励下,潘序伦的钱,连同张蕙生自己的钱几乎都捐出去了,其中大部分都捐给了立信会计专科学校。1937年立信会计专科学校成立时,潘序伦和张蕙生捐出积蓄6万元法币和版税17.5万元法币,之后他们每年向学校捐献版税2万元。抗战后,他们捐出私宅五开间、三层楼房一幢。潘序伦慷慨大方,但对待财会事业却是"锱铢必较"。有一次,潘序伦请时任教育部长的陈立夫给立信的学生演讲,陈立夫大谈特谈军工科技对国家的重要性,潘序伦当时就没憋住,当场顶撞同样从美国留学归来的陈立夫,直言:"国家好比一架飞机,一翼是军工科技,一翼是财经会计,只有这样,国家才能腾飞于世界民族之林",这让陈立夫好不尴尬。不过陈立夫也很有度量,知道潘序伦是"一根筋",上次教育部直接下令让潘序伦解聘马寅初,潘序伦就没给面子。这一次陈立夫只是变了脸色,然后这事就算过去了。当然潘序伦的话没到十年就应验了,国民政府糟糕透顶的财政状况令陈立夫痛心不已,这是后话了。

全面抗战下的中国,会计行业和其他所有行业一样,都在苦苦支撑着,并在支撑中千方百计地谋求发展。最值得我们骄傲的是,会计行业基本上没有出现什么汉奸,至少我没看到。非但如此,会计可以说是一个非常具有爱国情怀的行业。我们简要说说。

早在1931年"九·一八"事变后,立信会计师事务所就承接了审核上海抗日捐款的业务(该捐款是给马占山将军领导的东北义勇军的),很快地平息了东北义勇军后援会等13家经手单位贪污经费的谣言。1940年,潘序伦将上海立信托付给李文杰、李鸿寿等4位元老,只身从上海经香港来到重庆,继续主持立信事业。事务所、学校、出版社"三位一体"的运营模式就是在那时开始形成并壮大的,这种模式因为效果太好,故被很多事务所效仿,这是立信对会计行业乃至中国的会计职业教育和出版事业作出的一大贡献。

奚玉书曾经为淞沪会战中被日寇轰炸的正泰橡胶厂作出证明,让借口该厂"系被流氓抢劫后焚毁"而拒绝理赔的外国保险公司作出赔偿。他还提议,对于这种"战争损失",不能适用《公司法》关于资本亏损1/3需要停业清算的规定,应该允许企业在以后年度逐年分摊处理损失。该项提议被政府采纳,因此挽救了一批民族企业。至于组织募捐、救助伤兵和难民(担任过总队长)、面对威逼利诱拒绝与日伪合作的案例就不一一列举了。1941年5月,奚玉书摆脱日伪监视,化装改名、历经艰险,终于离开上海抵达重庆。

1937年,谢霖从上海到成都,一路在各所大学发表题为"日本侵华对中国经济的破坏"的讲演,用数字告诉民众日寇对中国的经济造成了多么巨大的损失。他在成都春熙路创办了正则会计补习学校,培养了一大批会计人才。同时,他还受光华大学校长张寿镛的委托,到成都筹办光华大学分校。1935年在四川担任财政特派员期间,面对地方钞票兑换率过低、有损民众利益的情况,他不顾众人的劝阻,向蒋介石发电直谏,后虽因此而被免职,但在四川民众中收获了很高的声望。他凭着一腔热血和自己的声望,经过艰辛的筹备,终于在1938年建成光华大学成都分校(1941年实际上已经是总校),这所学校就是今天西南财经大学的前身。

1937年淞沪会战时,徐永祚义务担任上海抗敌后援会总会计。1940年7月,由于叛徒告密,徐永祚被捕。考虑到徐永祚的名望以及当时他得了肺痨(肺结核)的情况,日本人只是将他羁押在医院中。由于没有在徐永祚的家中和办公地点找到上海抗敌后援会账册,日本人只能用各种手段不断逼问徐永祚这些账册的下落。徐永祚坚贞不屈,被关押50多天后,在多方营救下他终于获释。第二年,徐永祚为抗议汪伪政府必须重新"登记"的命令,倡导上海会计师公会休会,停止一切活动,以示绝不向傀儡政权和日本人屈服。同时,他把"徐永祚会计师事务所"更名为"正明会计师事务所",让我等晚辈不禁想起了岳飞的"还我河山"。

随着肺结核的加重,徐永祚的背驼得越来越厉害了,也很少出门了,经常待在书房里,有时还将报刊上的文章剪贴在贴报簿上。那个时代肺结核就是不治之症。这个身患绝症的民国时期极有名望的会计师在默默地坚持、默默地等待,他深信光明终将到来,他希望自己可以撑到那个胜利的时刻。

---

[1] 数据引自财政部会计司《"十二五"时期中国会计服务市场发展报告——注册会计师行业分析及展望》,女性注册会计师2011年占比47.63%,2015年占比49.35%。

第十一章　换了人间

从喷泉里出来的都是水，从血管里出来的都是血。

——鲁迅《而已集·革命文学》

1949年，中国共产党主持召开了第一届中国人民政治协商会议，邀请全国各阶层代表共商国是，为新中国的筹建作准备。徐永祚作为自由职业界民主人士的代表参加了这次会议，并且作为特别代表参加了开国大典。周恩来亲自向毛泽东介绍："这就是我国著名的会计师徐永祚先生。"毛泽东边握手边对徐永祚说："您是孔夫子的同行啊，'孔子尝为委吏，会计当而已'，孔老夫子也是做过会计的。诚然，我们这个时候的会计工作，要比孔夫子那时候重要多了。"[1]徐永祚后来担任了华东行政委员会人民监察委员会委员等职务，担任过上海人大代表，在会计和财政方面贡献良多。

中华人民共和国成立后，谢霖在大学任教至1953年退休。1953年5月，谢霖担任成都工商联合会建账委员会副主任委员，办理私营工商业的建账事宜（义务性质，无薪），同时，他一直担任成都市人大代表。1956年，谢霖将正则会计补习学校移交给政府，了却了一大心事。在这所举办了19年的学校中，先后有14 742名学生在此求学，它是仅次于立信会计专科学校的私立财会专业学校。同年，成都商业局聘请谢霖为财会顾问，每月车马费80元。这位年逾古稀、在成都租房居住的老人在给自己的学生、著名会计师林树湘教授的信[2]中写道："我向来无积蓄，数十年如一日，有此收入足敷生活，可见政府对我了解得很明白，我亦甚为感谢，我从退出大学教师及正则校（正则会计补习学校——作者注）的收入每月只有二十元也。"

和留在内地的徐永祚、谢霖不同，奚玉书选择了离开。奚玉书于1948年11月到中国香港定居，他创办的公信会计师事务所还在继续经营。这位曾经担任全国会计师理事会理事长的著名会计师，再次回到内地，已经是33年后的1981年了。

至于潘序伦，他与其他三位大师的选择都有所不同：他不参与政治，而是低调地继续经营立信事业。这么做的原因是他的出身和经历太敏感。他曾经在国民政府担任过经济部常务副部长，他的至交好友王云五（曾任国民政府经济部部长、财政部部长）在1948年被列为战犯。1949年后，老下属顾准带着上海市副市长潘汉年（潘序伦的远房族侄，叫潘序伦四叔）的名片来到潘序伦家中邀请其出山,潘序伦婉言谢绝了,不过他还是推荐了不少学生和下属到政府、事业单位和企业任职。潘序伦后来加入民盟,1957年还成了上海市的政协委员。潘序伦是留过洋、受过高等教育的,他对欧美有多强大心中非常有数,共产党能在朝鲜把"联合国军"摁在"三八线"上,在潘序伦看来太不可思议了。潘序伦对于共产党的敬佩之情那绝对是发自真心的。这是一场梦寐以求的胜利,是我们这个民族无论付出多大代价都决心换取的胜利!作为这场奇迹的见证者,潘序伦这样的知识分子内心深处受到的震撼是我们这些后来者难以感同身受的:这支人民军队靠着简陋的武器装备,在共产党的领导下,竟然顽强地战胜了看似不可战胜的帝国主义列强的军队!他们知道,中国这一次真的有救了,中华民族已经拥有了活下去的资格和强大起来的希望,这一切真实得让他们无法置信。而这场巅峰对决对中国乃至整个人类文明的深远意义,可能还要许多年后才能够真正地显现。但是,对于潘序伦这样的知识分子来说,这足够了,于是他们以前所未有的热情投身国家建设的大潮。

我们还得简单地说说有着共产党员身份的知识分子顾准,因为彼时正是他作为主角、奉献精彩演出的时代。

前文说过,顾准曾经是潘序伦的下属。顾准12岁进入立信会计师事务所当练习生,在立信生活了13年。他的学习、成长,和妻子汪璧相识、相爱并共同投身革命,都是在立信完成的。潘序伦和立信给了顾准多大的影响,我想怎样估计都不为过。实际上,潘序伦是把顾准当成自己的儿子和立信事业的接班人来对待的,这种意向潘序伦曾经好几次对顾准明示过,甚至在顾准去苏南的送行会(1940年)上还因为挽留不住顾准而当场落泪。奈何造化弄人,顾准志不在此。

无论从哪一个方面看,潘序伦对顾准的重视和培养都是尽心尽力的。比如,顾准刚入所5个月,他就给顾准的工资涨到了12个银圆(是这个年龄段最高的工资,几乎等于普通成年工人工资)。再如,他有意培养只有初中学历的16岁的顾准当立信夜校的老师,后来更是推荐顾准在各个大学任教。更难得的是,民国时期,整个立信都知道顾准是共产党员,但是潘序伦对此一直装聋作哑，几乎是明着庇护顾准干革命，连上海国民党党部的警告也置之不理。顾准在自述中回忆，1934年，他与潘序伦大吵了一次。那一次，顾准在整个事务所公然说潘序伦对自己刻薄，他拍着桌子和潘序伦大声吵架，潘序伦愤然回复："我比你的老子对你还厚！"这话我认为一点儿也不夸张。当然这话也伤人，但这件事从另一个角度说明两个人已经情同父子，不存在客气的必要了，父母和子女之间不需要讲什么客气。

1949年5月，顾准回到上海，担任上海市的财政局长、税务局长、审计处长和会计处长等多个职务，掌管着上海这个全国最大的金融城市的财税大权。这一年顾准不过34岁，风华正茂，意气风发。他全身心地投入工作，每日忙碌在第一线，完善各种财政机构，调整财税政策，打击各种投机势力，迅速地稳定了上海飞涨的物价。这些事情我写了几笔就带过了，给人的感觉平淡无奇，但是内行人能看出其中的门道。一般来说，剧烈的通货膨胀极难治理，在中华人民共和国成立初期，共产党在几乎没有黄金和外汇储备的情况下，能够在几个月内平息已经延续了十几年的剧烈通胀，可谓奇迹。诺贝尔奖获得者、著名的美国经济学家弗里德曼曾感叹：谁能解释中国在新中国成立初期治理通货膨胀所取得的成就，就足以获得诺贝尔经济学奖。顾准作为这场战斗的先锋官和主将之一，靠着自己在财政金融方面丰富的知识和经验、谦虚谨慎的工作态度、不拘一格的工作方法，在财税工作中屡建奇功。他聘请会计师参与对私企的查账，实行税收专管员制度（这个至今全国还在用），为上海物价的稳定和全国财政收入目标的实现作出了巨大的贡献，这个贡献已经被载入共和国的史册。

按照资历和有目共睹的工作业绩，顾准应该飞速晋升才对。但如果那样，就不叫命运了。1952年，顾准被撤职，直到1982年，他去世8年后，才被平反。这期间他的经历相当坎坷，或者说相当悲壮。

我们再来谈一谈这几年会计行业的命运。从1949年到1953年，会计师的客户流失不断加重。中华人民共和国成立前，私营的大中型工商金融企业、外国企业等都是会计师的大客户，有时会计师还能接一些政府机构委托的相关业务；而这几年，外国企业被依法严格收税查税后知趣地离开了,官僚资本企业被没收,变成了国营企业,不用私营的会计师事务所来查账了,私营工商企业在刚开始还有一定的发展,后来均发展欠佳,聘请会计师的意愿和能力大幅下降。

但是,对会计师的需求是客观存在的。会计师不去查账,那么多企业总得有人查账吧。那么,究竟是谁来干查账这个活儿呢?

我梳理了一下,查账主要由政府机关的四个部门负责:一是人民监察委员会及其下设机构;二是财政部门及其下设的审计机构;三是税务局;四是中国人民银行。人民监察委员会在1949年9月成立,可以看成是针对政府机关和政府公务人员的"纪委",1952年时开始在一些企业设立监察部门,1954年9月21日后其将工作移交给了新设立的监察部。这个部门的主要任务其实是搞纪律,查账算是副业。再说说财政部门,它查账的权力最大,后来成了所有国有企业的上级,至于是主管还是监管,我认为两者兼有。查账是税务局的职权所在,但是它主要查国企之外企业的账。中国人民银行主管金融机构,顺便查银行的账。有这么多的政府部门做查账工作,会计师事务所的命运可想而知。但这对注册会计师也并非完全没好处,因为当时会计师属于高级专业人才,政府部门对注册会计师还是很认可的。在中华人民共和国成立的最初几年,不光徐永祚这样的大会计师,还有不少注册会计师和审计行业从业人员也去了财政、税务、监察委员会等政府部门工作,比如施仁夫、张忠亮、庄起虞等,就都和顾准共事过。

1953年以后,会计师事务所举步维艰,立信、正则等会计师事务所停止了业务。到了1956年年末,全国的会计师事务所都停止了业务,会计行业暂时退出了历史舞台。

对于注册会计师个人及从事会计工作的其他人而言,生活还在继续。国家对这样一批高素质的人才还是相当重视的。就拿上海来说,它是会计师事务所和会计师人数最多的城市,1956年,政府为基本已经停止业务的131名注册会计师另行安排了工作,工资待遇不低于原有水平。从这点来看,国家对待会计师还是很厚道的。

对于注册会计师暂时退出历史舞台这个事情,我个人觉得最大的遗憾是，中国少了在会计方面最专业的"人民监督员"。我时常想，假设保留注册会计师和会计师事务所，把它们作为民主监督的形式，给它们一些监督的空间，是不是会更好一些？1957年，谢霖、徐永祚、潘序伦和顾准的生活受到了巨大的影响。但这几位大师在关键时刻都坚持了自己的操守，无愧于祖国和人民对他们的信任。

---

[1] 赵友良，朱肖鼎：《值得纪念的中式簿记改革家——徐永祚》，《上海会计》，1991年第3期。

[2] 1956年谢霖写给林树湘的信，该信件由林树湘纪念馆保存。

第十二章　我将重生

有一块灰色的大理石作为标志,上面刻着她的名字和"复活"两个字。

——夏洛蒂·勃朗特《简·爱》

1981年元旦。

上海外滩,中山东一路33号院,一切都显得静悄悄的。这并不奇怪,因为这一天是国家的法定假日。在这座曾经的英国领事馆中,驻扎的几乎都是外经贸委的各个涉外机构,大家都在休假。

唯一奇怪的是,这一天本来应该是热闹一些的,或者说要热闹一会儿的,但却静悄悄的。在这栋气派的涉外办公楼中,上海公证会计师事务所在这一天成立了,这可是中华人民共和国第一家新创立的会计师事务所[1]。作为财政部发文要求举办的事务所,虽然这栋办公楼中只有一间小小的办公室属于它,但是正式开张无论如何也要举行一个开幕仪式作为庆祝。但这家筹办了一年多的会计师事务所,所有的开办经费只有上海市财政局下拨的1万元租房款。秉着能省就省的原则,几位董事商量后一致决定:

开幕仪式免了!

没有鲜花和鞭炮,没有任何庆典活动,甚至连一块应该挂的牌子都没有挂出来,所有需要花钱的事情都免了!

1980年12月31日,上海公证会计师事务所董事会召开,到会的7位董事(未到会2位)审议并通过了事务所的暂行章程,任命顾福佑为主任会计师,并决定事务所自1981年1月1日宣告成立。

9位董事都是财经界的知名人士,他们分别是:娄尔行(会计大师)、陈敏之(顾准的弟弟)、梅汝和、顾树桢(上海市财政局长)、高钟德、陆修渊、顾濂溪、顾福佑、潘序伦("中国现代会计之父")!

潘序伦真的老了,1893年出生的他当时已经是87岁的老人。当他和其他几位董事在开会之后拍照时,他竟然滑了一跤,这一下可把所有人都吓得不轻,好在拍照的地方是草坪,有惊无险。

对于这件事记得最清楚的是高钟德。2009年,当上海《青年报》的记者郭廷炜向高钟德追问这段历史时,他拿出了那张珍藏了多年的老照片。照片上的7位董事分成两排,前三后四,后排的董事站立,前排的则坐在一条木头长椅上。潘序伦就坐在三人的中间,身穿中式棉衫,手执拐杖,后面的背景就是那座已经屹立百余年的曾经的领事馆。

不止潘序伦，其他所有董事都已经步入老年，白发苍苍。

在所有的董事中，顾树桢最年轻：他1920年出生，1980年正好60岁。这位已是花甲之年的老人是立信的校友、张蕙生的学生，他对立信和自己的老师怀有深厚的感情。1980年10月19日，在他的努力下，立信会计专科学校克服重重困难，恢复办校。在这次上海公证会计师事务所的开张过程中，他还是具体操办人。事务所的办公室、最早的两家客户（成立前就签约了）、人员编制、业务来源等，都是顾树桢联系解决的。作为上海市的财政局长，他有这个条件，创办上海公证会计师事务所也是他的职责所在。后来立信会计师事务所和立信会计出版社的复办，他也没少出力。全国其他会计师事务所的设立及运营情况也差不多，基本上是由财政部门主动推动的。

关于财政部指示恢复设立会计师事务所的原因，我们还得向大家介绍一下。其中最直接、最主要的原因是吸引外资，更准确地说是回应中外合资企业中的外国投资者的要求。当时正值改革开放初期，国家要引进外资搞活经济，最初采用的方式是中方和外方一起出资办企业，成立的企业叫作中外合资企业。几年后又有了中外合作经营企业和外商独资企业，总称"三资企业"。外国投资者进来了，就得按照国际惯例办事，就要请独立的注册会计师对企业财务报表进行审计。实际上除国际惯例之外，还有一个原因：外方看不懂中方的财务报表，担心被中方"算计"。合资企业的中方全部是国营企业，其实行的会计制度与国际通行会计制度存在很大差异，甚至连会计科目都不同，因此，外方很难看懂合资企业的账簿和财务报表。同时，合资企业的财务报表由财政部门来审查，并上报给税务机关、外汇管理局等单位监督，外方非常担心会吃亏。

这时候，就要有一个双方都认可的第三方来对合资企业的财务账表进行验证，告诉双方合资企业的财务报表是否真实可信，据此确认盈余和缴纳税金。这不单是国际惯例，也差不多是唯一可行的办法，所以外方很自然地提出了这个要求，这不足为奇。

但是，此时的中国早已没有了会计师这种独立的民间审计人员，1956年就没有了，算起来，已有24年的断档期。这导致当时绝大多数中国人都不知道会计师是什么，这其中甚至包括会计行业的主管部门——财政部会计司中的工作人员！比如20世纪70年代末（1979年至1980年）在会计司工作，后来成为会计司、企业司司长的刘玉廷回忆道："坦率地讲，本人当时根本不知道会计顾问处为何物。"[2]刘玉廷1978年毕业于天津财经学院会计学专业，毕业后就被分配到了财政部会计司工作，他曾经帮着会计司司长杨纪琬教授誊写《关于成立会计顾问处的暂行规定》，这是改革开放后关于注册会计师的第一部法规。一个在会计司工作、科班出身的大学生尚且如此，其他人可想而知。说到这里，我得声明，这并不是说国家轻视社会审计人员，因为那时非但没有社会审计人员，甚至连专职政府审计人员都没有——政府审计机构都是根据1982年《宪法》重新设立的，1983年9月15日审计署才成立，然后是各地审计机构成立。连独立的政府审计机构都没有，却下定决心先把社会审计做起来，我觉得党和政府对于注册会计师是高度重视的。

虽说如此，但也不可能一蹴而就。莫说当时缺少人才和资金，直接设立民营的会计师事务所这个提议本身就很难为当时的人们所接受——让民营会计师事务所中的会计师审计中外合资企业（更不用提审计国企），那不就是"民审官""私人查公家"？先不论别的，这种"资产阶级自由化"在思想上就很难被接受！

既然不能直接设立民营会计师事务所，难道就没有别的出路吗？作为主管部门的财政部想了一个主意：政府出资设立会计师事务所，注册会计师也列入编制，人、钱、物、业务都由政府包揽，至少一眼看上去绝不是什么"独立的民间审计组织"就可以了。财政部一边发文让各地搞恢复会计师事务所的试点，一边安排会计司司长杨纪琬教授亲自起草文件，给重生的会计师事务所一个说法。1980年12月，财政部发布了这部《关于成立会计顾问处的暂行规定》（以下简称《暂行规定》），算是给会计师事务所"正名"了。但是，该文件的名称中没有使用"会计师事务所"这个名字，而是用

"会计顾问处",也没有明说会计师事务所如何出资、如何成立,只是模糊地规定"会计顾问处由注册会计师组成",至于客户是谁则连提都没有提(本应限于中外合资企业的),直接就介绍业务种类等,这些都是因历史条件有限所致。我们不但不能由此苛责作为起草人的杨纪琬教授,而且应该欣赏他处理这个问题的智慧。比如,《暂行规定》虽然没有恢复"会计师事务所"这个称呼,但是"注册会计师"这个称呼完全恢复了;《暂行规定》还明确规定会计顾问处"实行独立收支";更为重要的是,《暂行规定》没有将客户限制于中外合资企业,业务内容也规定得相当宽泛:查账、清算、纳税服务、会计咨询和顾问、设计会计制度等 7 项具体业务基本涵盖了注册会计师能够涉足的大多数业务,和今天会计师的业务范围规定在本质上并没有太大的区别。杨纪琬对中国的会计和审计事业贡献很大,其中在改革开放之初第一个主张恢复会计师制度和亲自起草《暂行规定》算是大功两件。

相较而言,法规制定还好办,断档的人才培养却没法一下子恢复。到哪里找注册会计师?现考是不成的,光组织考试没个几年都理不出头绪;那就从现有的会计师和财会人员中挑选,找一些理论和实践水平高的人直接认定为注册会计师。当时的《暂行规定》对注册会计师的申请资格规定如下:

(1)在企业、行政、事业单位从事财务会计工作,并已取得高级会计师、会计师技术职称的人员。

(2)担任财务会计专业教授、副教授、讲师,并具有一定财务会计工作经验的人员。

(3)熟悉财务会计制度,担任查账等工作 3 年以上,适合从事注册会计师工作的人员。

这些资格要求中有些规定(比如第 3 项)在今天看来过于宽松,很有"放水"的嫌疑,不禁让人有些担心注册会计师的素养甚至审计工作的质量。但是,我重复强调:要看时代。《中外合资经营企业所得税法施行细则》和《暂行规定》一同在 1980 年 12 月颁布,这部涉外法规规定了合资企业的财务报表要经过注册会计师的审计。再不成立会计师事务所、任命注册会计师来查账,那么1980年中外合资经营企业所得税(年度企业所得税在下一年的前几个月申报)就会出现无法申报的情况,这会闹出国际笑话(实际上部分合资企业报表就没有经过审计)。时间紧迫加上条件有限,除了如此规定注册会计师的申请条件,我们还能怎么办?而且,非常客观地说,最初的几年,注册会计师审计质量相当靠谱,原因有四:

第一,人员实力强,操守高。刚开始时,注册会计师资格审定过程非常严格,能获得注册会计师资格的几乎都是德高望重的老会计、老教授,甚至很多是1949年前就已经是注册会计师的"老注册会计师",这群人的专业能力完全没有问题,其道德操守更是今天注册会计师的楷模。比如,上海公证会计师事务所开业第一年仅有注册会计师8人,都是1949年前曾在会计师事务所执业的退休老会计。资料显示,这8个人差不多就是上海市在最初一年评定的所有注册会计师了。

第二,事务所的体制因素。事务所全部为事业单位,人员属于事业编制(甚至其中很多人有政府机关正式编制),有行政级别。虽然很多事务所在办所之际被告知要自负盈亏,但实际上人员工资待遇有保障,很多事务所的待遇和挂靠单位相同。事务所的业务由财政等部门"联系"(实际是指派),是端着铁饭碗的,不需要"求"客户给钱"过日子",客户也不敢得罪或欺瞒这种由政府部门改头换面而来的"上级"。

第三,客户信誉好。合资企业的出资人,尤其是外资方,那时大多比较守规矩;而中方全是国营企业,国营企业在财务会计方面还是很正规的。因此,大多数合资企业诚信度较高,主观上很少做假账。

第四,事务所业务较简单。刚刚改革开放时,外资企业的经济业务、经营管理、财务体系比较简单,审计业务一般限于年度报表审计、所得税纳税申报等,当时的老注册会计师完全可以胜任这种一般化的查账证明工作。至于为外资企业和国内企业提供的开设登记、设计会计制度、担任会计顾问等咨询服务业务,老注册会计师也足以轻松胜任。

随着《暂行规定》的颁布施行,这类"会计顾问处"开始遍布中华大地。1981年,除上海成立了会计师事务所外,北京、浙江、广东、甘肃等地(大多是省会或者特区城市)都纷纷成立了"会计顾问处"。不过有意思的是,当时的名称比较乱,有的使用"顾问处"这样的名称,但也有直接以"会计师事务所"命名的,比如上海公证会计师事务所、广州会计师事务所,还有使用"会计服务处""咨询公司"的,五花八门,几年后才渐渐统一起来。当时最主要的困难是:能满足注册会计师资格要求的年轻人太少了,放眼望去,事务所中有时连"黑头发"都看不到。这不是一个可以很快便能解决的问题,只能慢慢解决。

---

[1] 也有其他资料说中华人民共和国第一家会计师事务所是1980年9月在兰州成立的"甘肃省会计顾问处"(甘肃会计事务公司),但绝大多数的资料还是认为其不算真正的会计师事务所,只能算会计师事务所的雏形,真正的第一家会计师事务所是1981年1月1日成立的上海公证会计师事务所(后更名为上海会计师事务所)。本书取后者的观点。

[2] 刘玉廷:《中国会计改革开放三十年回顾与展望(上)——我的经历、体会与认识》,《会计研究》2008年12月。这里说的会计顾问处,实质上就是会计师事务所。

第十三章　薪火相传

老骥伏枥，志在千里。
烈士暮年，壮心不已。

——曹操《龟虽寿》

1986年的武汉,清晨5点。

已过知天命之年的吴益格早早起床,收拾好东西,去赶开往郊区的早班公交车。在公交车站,他与自己的两位老伙计密承旭、欧阳桔会合,一同乘车来到溇水河,然后坐武汉化工厂接送工人的头班渡船过河。过河后,他们还要步行将近5千米来到谌家矶乡的一家乡镇企业,此时一般是8点半左右。他们和普通工人一样进入厂区,开始了一天的工作:密承旭、欧阳桔负责翻凭证、看账本、审报表,查找会计核算和财务管理中的问题,协助企业会计人员编制会计凭证、登记账簿、出具财务报表;吴益格主要负责给财会人员授课,教授财会知识,帮助他们考取会计证。半年多的时间里,三个人风雨无阻。这是他们的第一个客户[1],能不能让刚成立的会计师事务所活下来,成败在此一举。

和之前成立的所有"官办"或"准官办"事务所不一样,吴益格所创办的是一家"纯粹民营"的会计师事务所,三个创办人都是国企退休的老会计:密承旭、欧阳桔退休前都是厂里的会计,吴益格自己也做过财务科长和主管财务的副厂长。1985年11月12日,三个人每人出资1 000元(由于担心出事,吴益格用妻子马敏的名义出资),以3 000元的注册资本创立了这家合伙制的会计师事务所。这也是中国第一个合伙制会计师事务所。吴益格和两位好友把这家会计师事务所的名字定为"大信"。这不是一个新名字,40年前武汉也有一家新成立的会计师事务所叫"大信",这个"大信"成立没多久就成了湖北名列前茅的会计师事务所,其创始人叫吴英豪,是吴益格的恩师。为了纪念自己的恩师,也为了再现大信的辉煌,吴益格和两位好友把事务所的名称定为"大信"。

和所有初创的会计师事务所一样,除了资金,大信会计师事务所第一个要解决的就是客户问题。武汉已经有湖北会计师事务所和武汉会计师事务所两位"老大哥",再加上那个时候人们对私营企业近乎天然地不信任,民办的大信会计师事务所想在城区打开局面,基本等同于"痴心妄想"。这可愁坏了三位老伙计。一个偶然的机会,吴益格得知谌家矶有一个乡镇企业的会计核算水平很差,连会计报表都编不出来,成了当地政府的一个难题,急需会计培训和咨询服务。湖北会计师事务所和武汉会计师事务所这两位"老大哥"显然看不上这个远在郊区的只有6 000元的小业务,但这笔业务对于大信会计师事务所而言却成了"救命稻草"。三位老伙计以最大的热情开展这个业务。在三人的努力下,这家乡镇企业年终的时候因为表现优异而得到了政府的表扬,还意外获得了一面红旗。这家乡镇企业把大信会计师事务所介绍给了自己的上级单位——武汉供销社,以表达对大信会计师事务所的感谢。武汉供销社请大信会计师事务所给下属单位荷花洗衣机厂做咨询,看看这个厂子为何总是亏损,如何才能走出困境。吴益格在认真调查之后,给出该厂设备落后的诊断,建议引进先进设备。这个建议得到重视。该厂经过改革后扭亏为盈,后来还成立了合资企业。大信会计师事务所名声大噪,连市区的红山花电扇厂等当时如日中天的大型国企也主动来请大信会计师事务所做业务。

1932年出生、54岁下海的吴益格带着重生的"大信"艰难地走出了第一步。

让吴益格这位已过知天命之年的"老人"萌生创办会计师事务所念头的,是他在担任武汉市自动化仪表厂副厂长时一次与外商谈判的经历。这是个引进项目的谈判,谈判的地点是深圳,我方谈判团队成员是厂党委书记、厂长和分管财务的副厂长吴益格,对方参与谈判的是董事长、财务总监、外聘的注册会计师和律师。外商一看我方的谈判人员,不禁惊奇地问道:"你们既然来谈判,这么大的事,为什么不带总会计师、注册会计师和律师?"外商随即介绍:"身边这位女士,就是我们常年聘请的执业注册会计师……"

1951年毕业、有着30年财务工作经验的吴益格受到了深深的刺激:他认为这是他作为主管领导的失职,更是对他专业经验和见识的"羞辱"。其实,在那个年代,财务人员(包括总会计师)还不是太受重视,在并购和投资中聘请注册会计师进行财务尽职调查、请注册会计师作为顾问参与商业谈判的做法,还要很多年后才能成为中国企业的商务惯例。外商对当时中国国企的内部管理和商业环境严重缺乏了解。

这一年,是1984年。

一年以后,吴益格办理退休、下海,复立大信。他觉得会计行业将是中国未来一个重要的行业,自己能够在这个新兴的行业中有所作为。

又过了一年多,借着乡镇企业蓬勃发展的契机,大信会计师事务所第一次在武汉审计行业站稳了脚跟。

32年后,即2017年,大信会计师事务所的业务收入在全国排名第11,成为中国最顶尖的会计师事务所之一。几十年的艰难险阻(会计师事务所能存续几十年是很不容易的),吴益格和大信会计师事务所的精彩故事,绝对值得一说再说。不过本书要介绍的人物还有很多,限于篇幅,我们只能忍痛略过。

著名会计学家和审计学家徐政旦教授是大华会计师事务所的实际创办人。徐政旦教授,1922年出生,比吴益格大了整整10岁。徐政旦因为与其老师龚清浩教授合作编写了新中国第一本《会计辞典》而留名于中国会计学术史。1985年2月[2],在大信会计师事务所成立前的9个月,徐政旦在上海市创办了大华会计师事务所,在大沽路的一间小学教室内开始了艰难的创业。把徐政旦说成是创始人的说法实际上并不太精确,因为当时的"股东"是上海财经大学和上海市会计学会,但是他确实是事务所的实际"发起人"。开办事务所的想法是徐政旦最先提出来的,但最初的资金和业务是他和上海市会计学会的副会长陆修渊老先生(上海会计师事务所的初创八大董事之一)一起找来的,就连事务所的名字都是徐政旦和陆修渊商量出来的。最初事务所叫"振华",徐政旦觉得不够劲,提议叫"大中华",后来定为"大华"。

有大学和会计学会参与创业,大华会计师事务所的优势也是显而易见的,那就是人才充足。徐政旦自不必说,会计大师娄尔行出任董事长和法人,恩师龚清浩担任顾问,工作人员都是大学生,研究生也不算稀奇,这种高学历高素质的人才结构在当时几乎是无可匹敌的。不过大华不只有人才优势,还有一个"杀手锏",这就是体制优势。当时的上海市会计学会颇有"实权",上海市财政局是事务所的发起人。大华会计师事务所最初的开办经费是这样取得的:40家顾问单位,每家出2万元顾问费!这40家单位同时也是40个大客户,其中甚至包括赫赫有名的宝山钢铁厂。后来的几年,大华会计师事务所在珠海和深圳又招揽了很多外资大客户,包括很多外资大银行,比如花旗银行等,其口碑甚至一度将当时的国际六大会计师事务所比了下去。这也难怪,花旗银行审计团队负责人是杨汝和教授,民国时期留美归来的硕士;助理是谢荣,研究生学历,后来成了教授、上海国家会计学院副院长。这样的人组团干审计,国际六大会计师事务所比不过太正常了。不过,大华会计师事务所广为人知,还是因为2014年和2018年的两次"獐子岛扇贝事件",这是后话,暂且不提。

1985年,除了大华会计师事务所和大信会计师事务所的创立,还有一件同样重要的事情,那就是潘序伦走了!

潘序伦得的是膀胱癌。1979年,潘序伦被恢复了上海市政协委员的职务,很快就倡议成立了上海市会计学会,然后担任了上海会计师事务所董事长、立信会计编译所主任、大华会计师事务所顾问等多个职务,并为立信会计专科学校复校等事情不停奔走。即使是在年近九旬的高龄,他也没有停止学习。1980年的时候,他曾因为身体状况不佳在上海中山医院住院。在生命的最后几年,他坚持学习计算机知识,因为他觉得电脑代替人工是大势所趋。

死亡的自然铁律是没有人能够抗拒的,它没有留给潘序伦足够的时间来完成愿望。1985年11月8日,潘序伦离开了这个世界。

潘序伦在临终之时留下四句遗嘱:

(1)不发讣告。

(2)不收骨灰。

(3)不开追悼会。

(4)不收任何形式的奠礼、花圈、花篮之类。

大家遵照他的遗嘱,没有开追悼会。他去世的消息由当时的立信会计专科学校通知了他的亲友、立信的校友、国内外有关单位。1985年

11月20日，大家为他在上海龙华殡仪馆举行了遗体告别仪式。这其实没有完全依照他的遗嘱（还是有不少人送挽联之类的），但这已经是很简化的做法了。

从1893年到1985年，潘序伦在人世间度过了92个春秋。从他这将近百年的漫长人生来看，他不是一个完美无缺的人。少年时他聪慧而狂妄，以至于交白卷被母校开除；青年时他有一段时间沉迷赌博。

但是，只要会计和审计还存在，只要中华民族还存在，我们就不会忘记"潘序伦"这个名字，不会忘记他为中华民族会计和审计事业做过的一切。

自从青年时代选定会计行业作为自己的学业和职业方向，他就为此贡献了自己的全部财富、青春和精力。他一生节俭，晚年时穿着带补丁的衣服，吃鱼从来都是一次只吃一面，甚至吝啬到了买虾要论只的地步，却一次又一次地把自己的个人财产捐献给立信和国家的教育事业，以至于去世时没有给两个女儿留下一分钱的遗产。他为创办立信会计师事务所、立信会计专科学校和立信会计出版机构呕心沥血，直到风烛残年，他依然为推动中国的会计审计与世界接轨殚精竭虑、发光发热。"一代会（计）审（计）泰斗，十万有为人才"，是他一生的真实写照。

他的女儿潘屺瞻曾经这样追忆父亲生命最后的时刻：

"我记得在中山医院的时候，父亲已经病危了。有位学生想出国深造，来请父亲为他写推荐信。父亲非常爽快地答应了。由于当时父亲已经病危，没有写字的力气了，于是他便让身边的人帮忙写推荐信。推荐信写完之后，父亲奋力地从床上起身，颤颤巍巍地走到床头的一个小圆柜前面，慢慢地坐下来。那时病房里的光线比较暗，我就用手电筒给他照着，他就在手电筒的灯光下看完了这封推荐信，然后拿起笔来用力地在两封推荐信上分别签下了自己的中英文名字。"

"我已垂老，心余力绌，寄希望于后起之秀，青出于蓝必胜于蓝，一定能更好地完成新的任务。"这是他在回忆录中对后来者的嘱托，或者说是自我告慰。没有什么比自己为之奋斗一生的事业后继有人更令一个理想主义者感到充实和满足。这部2万多字朴实无华的回忆录完成于1984年，这个时候他已经知道自己时日无多。在生命临近终结时,他坚持用自己仅存的最后一丝气力,送年轻人一程。他很清楚中国的会计事业和审计事业要追赶世界前沿,只能依靠年轻人,这是他为这些后来者所能做的最后一件事情。

随着潘序伦的离去[还有之前已离世的徐永祚(1959 年)、谢霖(1969 年)、奚玉书(1982 年)],四位民国时期的审计、会计大师全部离开了我们。

1985 年 11 月 12 日,大信会计师事务所成立,开启了改革开放之后中国创办民营会计师事务所的先河。4 个月之后,即次年 3 月,立信会计师事务所复办,教育、出版和审计三位一体的立信事业"重现"。又过了 4 个月,国务院颁布《中华人民共和国注册会计师条例》[3],注册会计师审计的法定地位由"部门规章"(财政部)上升到了"行政法规"(国务院)层次。《中华人民共和国注册会计师条例》第十条规定,国家机关现职工作人员,不得担任注册会计师,这个不得"兼职"条文让注册会计师的实质性独立第一次在制度上获得了保证。

沉舟侧畔千帆过,病树前头万木春。

注册会计师的春天已经悄悄地到来。

---

[1] 源自中国会计视野网站的《会计口述历史:吴益格和中国第一家合伙会计师事务所大信》(2017 年 2 月 17 日)。关于大信会计师事务所第一批客户乡镇企业数量,其他资料一般是 12 家,收费是 3 000 元左右。

[2] 程亭:《安永大华会计师事务所合并案例分析与思考》,《会计之友》2011 年第 8 期;在大华会计师事务所官网上,其成立时间是 1985 年 10 月。

[3] 1994 年 1 月 1 日施行《中华人民共和国注册会计师法》,本条例同时废止。

第十四章　锋芒初显

金色盾牌，热血铸就，危难之处显身手。

——《少年壮志不言愁》

1989年,时任国家工商行政管理局局长任中林在《关于清理整顿公司情况的汇报》中提到当时部分公司存在发展过多过滥的问题。任局长的这些客观叙述,即便用来描述今天的大多数公司,也不算太过时。

"公司热"是公司这一经济组织主体推进工业化的过程中必然遇到的难题,是现代化进程中必然要支付的成本。工业化的目标有多高、程度有多深,工业化的成本就有多大,或者说代价就有多惨烈、多危险。想要避免支付这个要命的高昂成本是根本不可能的,我们能做到的是尽可能地降低它,或者说将其控制在可以接受的范围内。

公司对利润的不择手段的狂热追求,必须得到控制和监管。

当时能让公司获得巨大利润的,便是赫赫有名的价格双轨制。

什么是价格双轨制呢? 就是一样东西,按两种价格标价买卖。比如原油,一吨原油计划内(供应国企)价格是100元,国务院批准的大庆油田超产原油市场价是644元,其他油田的超产原油市场价是532元。

一吨原油计划价和市场价的差额区间是432元至544元,那可是在大多数工人的月工资只有几十元的20世纪80年代!

于是乎,各路倒爷纷纷上台,一场轰轰烈烈的"大戏"开演。到底有多少人打着公司的幌子,实现了一夜暴富的梦想,完成了资本的原始积累,真是一个不好统计也没法统计的数字。它造成的影响是相当恶劣的,很难瞒着老百姓——老百姓又不是瞎子!

这些都是开展这次清理行动的重要原因,但不是最重要的原因,最重要的原因是1988年的价格闯关失败了。

什么是价格闯关呢? 就是一次性把全部物资的价格放开,完全由市场定价! 从理论上说,这将是党和政府对倒卖指标等腐败行为的致命一击。

但是价格放开带来了剧烈的通货膨胀和全国范围内的抢购风潮。中央迅速表态、调整政策。我们要及时止损!

教训深刻,岂容轻视?

有鉴于此,这个清理整顿报告发布完没多久,全国清理整顿公司领导小组成立,组长是副总理田纪云,副组长是国务委员邹家华和国务院秘书长罗干。该小组主要的工作就是"收拾"那些谁也动不了的"公司",不让它们再兴风作浪。

个人觉得,这次清理整顿最大的问题是做得太晚了,要是能够早一两年,也许效果会好很多。但是谁都能看出来,这种突击性清理整顿的做法很明显不是长久之计,必须从制度和监督机制的完善入手。政府部门的人力和物力是有限的,财务审计方面的人力资源更有限,面对数以万计的公司,他们早就力不从心了。

于是在清理整顿公司的过程中,注册会计师闪亮登场了。不登场不行,真的找不出更适合干这件事的人了。

1989年5月5日,财政部、工商行政管理局和审计署下发了《关于在清理整顿公司中对公司注册资金进行验证的通知》,其主要规定如下:

第一,凡清理整顿前未纳入预算管理的公司,以及财政、工商行政管理部门认为有必要进行验资的其他公司,都必须进行资金验证。各公司的主管部门待本部门所属公司"撤、并、留"方案经批准后,即可组织所属公司委托已登记注册的会计师事务所或审计事务所进行资金验证,但不得委托挂靠本部门的会计师事务所或审计事务所承验,并不得有国家机关现职工作人员以事务所的名义从事验证业务。各公司持验证证明,按有关规定办理财务登记和年检与重新登记注册手续。

第二,资金验证内容包括公司注册资金来源及缴付情况,公司财务机构、财会人员配置及财务会计制度执行情况,公司的资产负债、年度经营业务和收入情况,以及委托单位委托的其他事项。

学过会计和审计的人一眼就能看出来,第二条资金验证的内容,应该叫"验证资本(净资产)"或者"会计报表审计"才更准确。今天的验资,一般是指注册会计师对企业所有者投入企业的实际出资(一般以设立出资和增资情况居多)进行验证,和这个文件所说的"注册资金验证"虽然简称相同,但是内涵是完全不同的。这个差异实际上是由历史原因形成的。当时"资本"还是一个敏感词,被定性为资本主义的特有产物,在中国这样的社会主义国家,"资本"得叫"资金"。

这个对公司净资产进行"验资"的文件,实际是三部委以"部门规章"的形式,允许会计师事务所"分享"当时财政和审计等政府机关对公司的"监督职权",这令注册会计师们欣喜若狂!

这就是工商年检要求各类公司[1]提供"财务报表审计报告"最初的由来。自1989年开始,工商行政管理局各年在办理工商年检时,几乎都要求公司提供会计师事务所出具的验资证明,一直到2014年年检制度改成了公示制度才宣告这种做法的结束(不是全部公司)。

从1988年到1989年,除了参与清理整顿公司,还有一件关于注册会计师的大事我们不得不提,那就是注册会计师协会成立了。

从1981年上海公证会计师事务所成立,到1988年11月,注册会计师行业已经发展到从业人员7 000余人、注册会计师2 000余名、会计师事务所218家。更重要的是,这些数字增长的速度每年都在加快。

1988年11月,中注协宣告成立。中注协是个很有意思的单位。作为社会团体、行业协会,它本应属于非营利性民间组织,但是实际上直到2015年年底,它都是隶属于财政部领导的事业单位。中注协虽然向会员(包括注册会计师和事务所)收费,但是财政部在中注协成立大会上就明确表示:"'吃饭'的钱,财政还是要给的"——经费开支列入事业预算。我们如果深入思考,就会发现一个更有意思的事,按照国外和我国民国时期的经验,应该是先成立注册会计师的地方协会,再联合起来成立全国性的行业协会,但实际情况完全相反:除了上海市注册会计师协会[2],中注协成立前没有地方注册会计师协会存在。当时刚刚成立的中注协的一个主要任务就是指导各地成立地方注册会计师协会,这算是中国特色了。

不过说来说去,成立协会最主要的意义是,让注册会计师和会计师事务所有了自己的"娘家"。注册会计师行业是一个特殊的行业,它的特殊体现在它的高度专业和高度独立,这方面不需要多言;还有一条是高度自律,就是高度自我约束、自我监管,这一条大家就所知甚少了。截至2015年,中国成立的全国性行业协会有700多个,大多数行业协会成立的主要目的中都包含行业自律这一条，但是像中注协这样高度自律的协会却不多。作为事业单位，中注协除了要履行一般行业协会的自我监管和国内外沟通协作职能，还要履行诸如批准设立会计师事务所、批准注册会计师执业资格、组织全国注册会计师的统一考试等职能，在 2002 年年底之前中注协都以财政部的文号发布有关文件。中注协的成立是注册会计师行业的组织化、标准化、国际化的开始，也就是说从这一年开始，注册会计师行业自身的工业化进程正式开启了，并且与整个国家奔涌向前的工业革命[3]进程紧密地交织在一起，从此再未分离。尽管绝大多数注册会计师当时没有意识到这一点，但是注册会计师的热情确实因为有了"娘家"而高涨起来。成立中注协最明显的影响就是会计师事务所的数量增速加快：到 1988 年年底，全国的会计师事务所一下子就增加到了 250 家，中注协成立后 1 个多月就增加了 32 家。会计师事务所数量的飞速增长让当时所有的注册会计师都振奋不已。

[1]《国务院批转国家工商行政管理局关于公司年检和重新登记注册若干问题意见的通知》(国发〔1989〕11 号)，1989 年 1 月 25 日。

[2] 根据上海市注册会计师协会官网的介绍，上海市注册会计师协会成立于 1986 年 10 月。

[3] 关于截至目前我国的工业革命进程,学者们观点不一。本书取张维为教授《"集四次工业革命为一体"的中国崛起》(东方卫视《这就是中国》第十四期《震撼世界的中国工业革命》,2019年4月15日)中类似的观点,认为中国以1949年后30年的改革和积累为基础,从20世纪80年代开始,正式进入第一次工业革命阶段。目前,中国已经基本完成第一次工业革命(机械化,以1995年年底纺织业产值居世界第一为标志)和第二次工业革命(以2010年年底制造业总产值居世界第一为标志),正处于第三次信息化(自动化)深入推进阶段(以互联网、计算机大规模应用和通信业从1G到5G迭代进步为标志),同时在第四次工业革命(智能化,以大数据、智能设备及智能软件的大规模应用为标志)中处于世界前列。

第十五章　载舟覆舟

意志——这不单纯是欲望和欲望的满足，同时也是欲望和制止，欲望和放弃。

——安东·马卡连柯

1991年5月，上海证券交易所（以下简称上交所）披露年度财务报告的最后期限（4月月末）已经过了，但是，全部8家上市公司却迟迟未披露财务报告。这在今天的股市几乎是不可想象的事情，但是当时却没有多少股民关心。那时候的大多数股民连对财务报告应该是什么样子都完全没有概念，谁还关心这个？话又说回来，这也怪不得他们，因为上交所自己也不知道财务报告应该是什么样子。当然，这也怪不得上交所，因为国家没有为股份公司连同上市公司设计一套相应的会计制度，而沿用原来的会计制度披露这8家上市公司的年报是完全不可能的，其原因在于没有可比性：这8家公司分别适用于国营工业企业、国营商业企业、集体工业企业、集体商业企业、合作社、乡镇商业企业等6种会计制度，报表的格式、项目、披露要求各不相同，披露出来的信息缺乏一致性。上交所刚开业就遇到这种事，虽然股民们没有追责，但是，这不让专业人士和国际同行笑话吗？有人说，等国家出台相关的会计法规不就行了？但这事不是过家家，没那么容易。实际上，财政部、原国家经济体制改革委员会制定的《股份制试点企业会计制度》是1年之后的5月23日才颁布的。

上交所不能坐以待毙，它委托了上海大华会计师事务所办理这件事。大华会计师事务所设计了两个简化的报表（真的极度简化）：一个叫作"资产、负债和股东权益结构分析表"，相当于今天的资产负债表，只有流动资产等7个项目；另一个叫作"经营成果分析表"，相当于今天的利润表，只有销售收入、销售利润、利润总额、税后利润4个项目。于是，8份不同行业的财务报表按照这两个简表的格式进行转换后，作为年报被披露在1991年6月7日上交所专刊的试刊号上。这也算上交所履行了监督上市公司信息披露的法定职责。虽然有些粗糙，但当时的条件就是如此。大华会计师事务所能够脱颖而出，获得"编制报表模板"的殊荣，绝不是一时的走运，它的"书卷气"决定了它最终会获得这个没多少人愿意接手的烫手山芋。

我认为，大华绝不是改革开放后第一家参与审计股票发行业务的会计师事务所。不过，会计师事务所到底是何时开始参与到股票发行业务的，我真是没查到。

第十五章　载舟覆舟

1986年10月北京市政府发布《北京市企业股票、债券管理试行办法》,其中第八条规定:"非股份企业需要采取股票方式集资的,必须重新核定原有资产,划分成股,订立章程,经会计师事务所核定和有关部门批准并依法登记注册,成为股份企业后才能发行股票。"这是我能查到的中国第一次在地方法规中正式引入会计师事务所参与IPO的鉴证工作。1987年5月上海市政府发布的《上海市股票管理暂行办法》规定,股票发行(包括再发行)和发行股票(内部发行除外)的公司的年报都要经过会计师事务所的审计。这部地方法规实际上同时赋予了会计师IPO审计和上市公司年度审计的法定地位。1990年11月27日,作为专门为上交所成立配套的法规,《上海市证券交易管理办法》在上交所成立1天后发布,这部法规是对3年前的《上海市股票管理暂行办法》的细化和再次确认。1990年8月,在深圳,一个比上交所筹建得更早的交易所——深圳证券交易所(以下简称深交所)成立,当年12月1日试营业,1991年7月正式营业,其正式营业的时间比上交所晚了8个月。1991年5月、6月深交所分别颁布了《深圳市股票发行与交易管理暂行办法》和《深圳证券交易所业务规则》作为配套法规,对注册会计师审计的法律地位作了与上海相关法规基本相同的规定。

上交所和深交所的成立,标志着中国资本市场的初步形成,这是具有里程碑意义的事件。金融资本在时隔几十年后再一次参与到中国的工业化进程之中。我相信,最初没有一个人能够想到,仅在几十年的时间内,中国股市从只拥有十几家上市公司发展到拥有数千家上市公司,市值规模居全球第二;同时,中国债券市场总市值也和美国一样已经超过了股票总市值[1]。资本市场全面深刻地影响着中国,这种影响的深度和广度是普通人难以想象和描述的。当然,作为普通人,我们也看到了尔虞我诈、财务自由、倾家荡产的人生百态,看到了无数人跌宕起伏的命运。

注册会计师的发展和壮大,是和资本市场的发展和壮大交织在一起的。没有注册会计师参与的现代资本市场是不可想象的,而没有现代资本市场的发展,注册会计师行业也很难有远大的前途。

和交易所、大多数股民、上市公司、监管机构、社会公众一样,中国的注册会计师还没有为这一切做好准备。我们对自己的命运还一无所知,我们正处于蹒跚学步的阶段。20世纪90年代初,计算器和算盘都是企业和事务所的主要工作装备,甚至算盘考级还是会计职称的一门必考课程;会计电算化虽然正在迅速全面铺开,但是手工账簿在中小企业还是主力;整个会计和审计行业正在从手工业向第一次机械化、第二次电气化工业革命过渡。谁也没有想到,计算机这种第三次工业革命的巅峰之作,连同以互联网、智能设备为代表的第四次工业革命,会那么迅速而深刻地影响会计和审计行业,甚至整个国家。技术进步对文明的冲击与改变是惊人的,人类往往多年后才能意识到这一点。每一个中国人,无论是否愿意,他们都将在工业革命进程中不断地被改变,同时试图掌握并改变自己的命运。体制内的中国注册会计师还远远不是一个以专业知识谋生的自由职业者,而更像是一个经济警察。这种身份与职责的误解与错配将长期困扰这个行业的每一位从业人员,如何化解误解、纠正错配成为中国注册会计师行业改革的主要方向。

---

[1] 陈康亮:《中国两部委联合发布〈债券统计制度〉》,中国新闻网,2014年11月6日中记录:"截至2014年8月1日的数据,中国沪深股市总市值加上全国股份转让系统(新三板)约为26万亿元,同期的债券市场存量两个市场合计为32.9万亿元,债券市场存量是股票市场市值的1.26倍。"

第十六章　书山有路

面壁十年图破壁，难酬蹈海亦英雄。

——周恩来《无题·大江歌罢掉头东》

1991年12月7日、8日是周六和周日，10 375名考生参加了当时还很不知名的注册会计师全国统一考试。这次考试的科目一共四门，分别为会计、审计、财务管理和经济法。全部科目通过者拥有申请成为注册会计师的资格，而单科成绩合格者可以在以后的连续两次考试中免试相关科目，即保留成绩两年。在这次考试中，共有473人一次性四门科目考试合格。

这是一次姗姗来迟的考试。财政部早在1987年就颁布了注册会计师考试的办法，但中注协到了1988年才正式成立。注册会计师协会成立后，又经过3年多的筹备，我们才迎来第一次全国统一的注册会计师考试。在此之前，注册会计师都是各地财政部门考核出来的。为何实行考核制度而不是考试，我在前面介绍20世纪80年代初恢复注册会计师制度时曾提到一些原因，主要是因为人才和教育出现断档！但是，考核制度的弊端是很大的，我当时并没有在这方面展开。这里我简要地说一下：

第一，老龄化。能符合考核资格的年轻人太少了，经济观察网的一项统计显示，1992年时，全国60岁以上的注册会计师所占比例居然高达78%！

第二，效率低。1992年年底，全国的注册会计师总数才7 000多人，可见考核的效率太低了。

第三，专业胜任能力没有保证。注册会计师是一门专业性很强的职业，仅仅依据从业资历来评定一个人是否胜任审计工作，从理论上说就已经是个问题了。

第四，缺乏独立性，并且容易滋生腐败。这个更容易理解，考核在一定程度上就是保送。保送绝对要比参加统一的公开考试不利于公平选拔人才。当时的会计师事务所大多挂靠于财政、税务等政府部门和其他事业单位，缺少自主权。

毫无疑问，相对于考核而言，统一公开的注册会计师考试更加公平公正，其质量和效率远非考核模式可比。

越来越多的报考人数，以及远超考核的注册会计师的合格人数，就是这一切最有力的证明。

第一年首次考试的报考人数是 23 512 人(实际出考人数是 10 375 人),这是历届考试中报考人数最少的一次;两年后的第二次考试(1992 年空缺未考试),就已经有 57 242 人报名,人数增加了 1 倍多;三年后第三次考试,人数又增加了一倍多,达到 116 269 人。以后各年报考人数虽然偶尔有所起伏,但是基本上逐渐增加,到了 2020 年,这个数字已经达到 160.7 万人!

根据中注协考试部发布的《2021 年注册会计师全国统一考试分析报告》,截至 2021 年年末,共有 33.04 万人取得了全科合格证书。按照 31 年(共计 30 次考试,1992 年空缺)计算,平均每年有 1.1 万人取得全科合格资格,这个数字已经超过 1992 年年末全国注册会计师人数的总和(0.7 万人)。

按照 30 次考试总共报考人数 779.64 万人来计算,截至 2021 年年末,注册会计师考试的整体通过率在 4%左右[1]。与国家统一法律职业资格考试 14%左右的通过率相比,注册会计师考试被誉为中国难度最高的考试也就不足为奇了。

网上有个帖子说注册会计师考试就像把你装在麻袋里暴打一顿,然后把你从袋子里放出来,马上让你回答哪个方向是北。这个比喻很恰当。能通过注册会计师考试的都不是等闲之辈。注册会计师考试还是一个国际化的考试,其从 1994 年第三次考试开始,对境外开放。

对于如何通过注册会计师考试,我认为主要可以归纳为以下五条:

其一,要有决心和恒心。

其二,要有详细可行的学习计划,利用好碎片化时间。尤其是在大型会计师事务所等单位工作的考生,对这一点一定要重视。

其三,要选择一套好的参考书和辅导课程,贵精不贵多。可以向那些已通过注册会计师考试的前辈咨询选择什么参考书。

其四,要舍得花时间,多吃苦,多背多写多练。

其五,最重要的一条是要会考试,或者说要有对付高难度考试的天赋或能力,否则就别浪费时间和精力了。

这些都是经验之谈，仅供参考。

对于我个人而言，注册会计师考试是我一生之中参加过的最重要的一次考试。可以说，没有这个考试，就没有我的今天，它改变了我的一生。一个从东北农村走出来的孩子，能在中国最顶尖的事务所工作，能够参与甚至负责各类上市公司和央企的审计和咨询业务，这是我青少年时代做梦都想不到的事情。我相信，对于大多数通过这个考试的人，尤其是寒门子弟而言，这是一个高度雷同的人生体验。

1997年开始，执行证券业务的人员需要参加专门证券业务资格考试（以前是审核制），这个考试必须是注册会计师才能参加，刚开始要求注册会计师执业两年，后来取消了这个两年的要求。考试内容分为两部分：一部分是会计和审计；另一部分是证券期货业务相关法规，不保留单科合格成绩，必须一次通过。截至2001年，这个考试举办了5次，共有2 247人考试合格。这个考试不仅报考条件高，考试本身也很难，2000年和2001年的合格率分别是12.51%、2.33%。由于证券监督管理委员会（以下简称证监会）、财政部规定会计师事务所要取得证券业务资格必须具备一定数量的有证券业务资格的注册会计师，因此通过该考试的考生"身价"极高，很多都成了事务所的高管和合伙人。加入世界贸易组织（WTO）后，由于注册会计师执行证券业务需要另行参加考试的做法与国际惯例不符（其他国家不存在这种双重考试的做法），故该考试在2002年停办，并在2004年被国务院发文取消，所以目前的考生对这个考试所知不多。

没有自主招生，没有保送，没有不同地区、不同民族、不同国家所带来的不同录取分数和加分（国际互免不算），没有面试，没有任何特长加分和免试录取，只有考场上真刀真枪地比拼较量！优胜劣汰，强者晋级。

除了在人才的选拔和培养上为整个行业的长期发展打下了坚实的基础，注册会计师考试其他的重大意义多年以后才渐渐显现。注册会计师考试在中国各类专业资格考试中的知名度和影响力很高，拥有注册会计师证书是获得许多会计、审计、金融类高级管理职务的敲门砖和加分项。在中国现阶段的执业环境中，在"四大"等外国行业势力的强大攻势和深度渗透下,在频频出现审计失败导致社会公众对本土会计师和会计师事务所的诚信度和专业能力多次产生重大质疑时,这个考试成为我们这个行业最后也是最牢不可破的防线,它如同暴风雨中巍巍矗立的大山守护着中国的注册会计师,也守护着中国资本市场乃至企业信用领域中最后的公平和公信。

---

[1] 这个通过率是按报考人数来统计的,由于实际出考比例较低,平均不到50%(如2017年、2018年专业阶段考试实际出考率分别为33.68%、35.46%),以实际出考人数为分母的通过率应该会是这个数据的2~3倍,约为10%。

第十七章　原野之殇

宁走十步远,不走一步险。

——《三侠五义》

1991年12月，在中国第一次举办注册会计师全国统一考试的当月，苏联解体了。

1992年初，对中国前途忧心忡忡的老人邓小平开始南方之行，为这个国家和民族寻找出路和方向。1992年10月，党的十四大明确宣布：我国经济体制改革的目标是建立社会主义市场经济体制。发展市场经济正式成为我党的执政纲领。

我那时候正在东北上小学六年级（最后一个学期），南方谈话的新闻没少听，但是没见过谁为此疯狂。南方人做生意的相对多，所以热情更高。

那几年不少政府官员也热情高涨。根据原人事部统计的数字，在这一年，辞官下海者12万人，不辞官却投身商海（停薪留职、兼职）的人超过1 000万！以至于中国经济史上出现了一个专有名词："92派"。

这么多的官员下海能干什么？自然是创业了。办公司是最主要的创业路径。公司是有限责任制的，非常有利于那些"聪明"的创办者完成资本积累。也有下海的官员加入别人的公司做经理或其他高管，等他们有钱或者有经验了，可能便会开公司单干。

下海的官员和商人们大张旗鼓地办起了公司，于是"公司热"再一次升温。北京曾经在一个月内成立了2 000家以上的公司，工商、税务、财政、审计等主管部门又头疼了：这么多公司，可怎么管？

没有规矩，不成方圆。做事情的第一步就是要立规矩，也就是立法。所以首先要解决的问题是制定专门管理公司的全国性法规。不过那个时期关于公司的全国性法规，我能查到的只有1985年原国家工商行政管理局颁布的《公司登记管理暂行规定》。

1992年5月15日，有两部重要文件出台：《有限责任公司规范意见》《股份有限公司规范意见》，发文单位是国家经济体制改革委员会（以下简称体改委），后来叫国家发展和改革委员会（以下简称发改委）。体改委的前身是1952年成立的国家计划委员会。

在这两部及时出台的部门规章中，注册会计师一次又一次地出现在条文中。

第十七章 原野之殇

发改委的能量巨大。这两部规范性文件的出台,意味着除了大量非公司制的国营企业、全民所有制企业注册会计师还不能顺畅介入(这个只是时间问题),其他单位的审计业务均已确定由注册会计师来承担。由此,注册会计师的"法定民间审计"地位已定,注册会计师行业的欣喜是可以想象的。

这份欣喜并没有维持多久,就被兜头浇了一盆凉水。

这盆凉水的名字叫"原野案"。

原野案,是我国股市第一大案,也是我国上市公司第一审计大案。

1992年4月7日,人民银行深圳分行发布公告,称原野公司存在财务问题,同时公安机关对原野公司的两名财务管理人员已经采取限制措施。原野案就此爆发,并最终导致原野公司停牌、重组,公司董事长入狱,验资和年审的注册会计师被注销资格,出具审计报告和验证报告的深圳特区会计师事务所被停业整顿。这个案件集中了上市公司差不多所有能够采用的欺诈手段,创造了中国资本市场舞弊和违法方面的多个第一,甚至还创造了两项世界纪录。它直接催生了中国资本市场相关会计法规、监管法规、注册会计师执业准则的制定和规范,作为反面典型载入史册。

让我们了解一下这个案件和公司。

原野公司的全称为深圳原野实业股份有限公司,是中国第一家中外合资上市公司,于1991年12月10日在深交所挂牌,股票代码是0005,是深交所成立时最早挂牌的5家公司之一,人称"老五股"。这家企业的前身是1987年7月成立的深圳市原野纺织股份有限公司,成立时注册资本150万元。刚成立时它有5个股东,分别是新业服装公司(国营企业,出资45万元)、深海贸易公司(国营企业,出资45万元)、香港开生公司(出资30万元)、彭建东(出资15万元)、李坤谋(出资15万元)。从表面上看,因为两家国营企业股东一共出资90万元,占全部出资的60%,港企出资占20%,个人出资占20%,故公司算是一家国有控股的合资企业。但实际上根本不是这么回事,深海贸易公司由彭建东个人承包经营,香港开生公司和彭建东的关系我没有查到,李坤谋是彭建东的妹夫。更诡异的是几个非国有股东出资的来源:彭建东及其妹夫李坤谋的出资是由深海贸易公司也就是彭建东承包的国营企业代付的,香港开生公司的出资是由新业服装公司代付的,也就是说,港企及个人股东完全没有实际出资,全由国营企业代付,这不就等于国营企业自己出钱卖自己吗?

这不过是个开始。原野公司成立后,彭建东开启了他更加神奇的操作。仅仅一年多之后,通过一次又一次的虚假增资、违规变更股东、违规评估调账虚增资产等手法,到1988年年末,原野公司注册资本增加至2 000万元,其中国有股份竟然只剩下90万元,占比从60%下降至4.5%,而且还是不参与管理、只吃利息的优先股。这时大股东为香港润涛公司(持股83%,从香港开生公司受让股份),彭建东任这家香港公司的董事长,而这家香港公司是他舅舅开办的——原野公司已经变成彭建东和他舅舅的囊中之物。在这个过程中,彭建东创造了第一个国内的纪录,也是世界的纪录:

将国有股转化为优先股!

这个纪录是他在1988年8月末创造的。他把国营企业新业公司的90万股权转化为每年只领取35万元固定利息的优先股,大家可以将其理解为每年吃固定利息的长期借款人。普通股转为优先股国内是没有先例的,在全世界范围内也是非常罕见的做法,国有普通股转为优先股就更是闻所未闻。优先股和普通股最核心的区别之一是优先股没有表决权,也就是没有经营管理的决策权。换句话说,国营企业通过放弃表决权的方式将企业的控制权转让给了外资和个人股东,还是白白转让出去的。当时我们没有这方面的任何法律规定和经验,前几年大张旗鼓的混合所有制改革(在特殊的情况下可将国有资本转化为优先股[1]),也迟迟没有落地,原因就在于这项措施的影响太大了,或者说能钻的空子太多,没有人能够想象最终的结果到底会怎样。在30余年前,彭建东就有如此胆量进行如此操作,也算是"前无古人"了。

"前无古人"的彭建东是不会停下自己神奇的操作的,他将继续神奇下

去,操作如下:

1989年3月末,原野公司的股东只剩下两个:一个是香港润涛公司,出资1910万元,持股95%;一个是原野公司的子公司原野时装公司,出资90万元,持股5%(母子公司交叉持股)。原野公司变成一家彻底的外资企业了。

1990年3月3日,彭建东通过虚构股东(名义股东)、财务造假等手段使原野公司通过审查,在深圳特区证券公司挂牌。挂牌后没多久股价就暴涨,至10月24日股价已经上涨到135.09元,是股票面值10元的13.5倍!而香港润涛公司发行日持股71.78%,彭建东依然是上市公司的实际控制人。挂牌后彭建东出售名义股东的法人股股票,获利以千万元计。

1990年12月1日,深交所成立并试营业,原野公司于12月10日第一批挂牌,成为深交所的"老五股"之一,当月股票最高价格达到176.74元。彭建东控制的香港润涛公司持股51%左右(停牌前),牢牢地控制着这家被深圳和香港媒体称为"深圳股王"的上市公司。也许是担心最终东窗事发,彭建东于1989年5月移居澳大利亚,并于1991年12月取得了澳大利亚国籍。

于是,彭建东不小心又创造了一个国内纪录,大概也是世界纪录:资本原始积累速度世界第一!

从前只是一个落魄青年的彭建东在3年多的时间里,凭借种种操作手段,在几乎没有实际出资的情况下,创立原野公司并将国有大股东不动声色地清理出局,然后使公司上市,他本人也成为实际控制人。全世界也找不出几个这样的先例。其虚假出资、虚构股东、内外勾结侵吞和排挤国有股权、虚构收入成本、财务造假、炒作题材、利用大股东身份挪用资金、资金外逃、使用关联交易操纵利润、代持股票操纵市场套现、变更国籍等一系列操作,已经成为证券市场和国营企业改制中的典型反面案例。

不过他倒下的速度恐怕也是世界第一。

早在1991年3月,也就是原野公司在深交所上市几个月后,审计部门就在审计原野公司分红派息时,发现了公司存在股金投入不实、利润不实和资金外流等问题。当年8月,经过一系列调查研究,人民银行等监管层就已经形成了处理此事的会议纪要,只不过原野公司拒不配合。到了1992年4月初,人民银行忍无可忍,终于出手,公布原野公司存在财务及业绩造假等种种问题。原野公司继续对抗,于1992年4月中旬起诉人民银行深圳分行和原深圳工商局,并在中国香港地区制造舆论威胁监管机构,甚至求助于美国驻广州的领事馆,要求给予所谓的"国际干预"。1992年7月7日,原野公司股票被交易所停牌。原野公司的股票正式成为中国股市第一家被停牌的股票。原野案在国内外引起轰动。

这么大的案件,为原野公司出具验资报告和审计报告的注册会计师和会计师事务所不可避免地被牵扯出来。深圳市财政局、广东省财政厅、财政部会计司、深圳注册会计师协会及中注协分别组团调查,轮番上阵,其规格达到了顶配。

当时涉及的会计师事务所有3家,分别是深圳特区会计师事务所(以下简称特区所)、宝安会计师事务所(以下简称宝安所)和深圳公信审计师事务所(以下简称公信所),其中,牵扯出问题最多的是特区所。特区所成立于1984年6月,挂靠于深圳市财政局,属于全民所有制事业单位,从业人员70名,是当时深圳最大的会计师事务所。从原野公司成立到上市交易,特区所一直承办着原野公司大多数审计和验资业务。

官方的调查结果如下:

特区所自原野公司成立后即承担该公司的主要查账验资工作,在5年时间里先后为该公司出具71份查账和验资报告,主要存在三方面的重大过失:

第一,对于原野公司自成立到上市的两年多时间内出现的初始投资不实,频繁变更股东、虚增资本,对公司资产进行两次大幅度调账升值并对升值部分进行不合理分配,在资产评估中虚列资产项目等一系列重大问题,以及由此导致公司股权全部旁落、国家权益蒙受严重侵害的后果,特区所在先后三次主要验资报告中,均未作出任何揭示和提出任何异议,而全部予以确认。

第二,特区所对原野公司下属的"原丰""原野时装""福华"三家子公司先后出具的 7 份验资报告,均存在严重虚假问题。特区所未对实际出资情况作必要的调查核实,仅凭原野公司出具的伪证,就将这三家子公司均验证为中外合资公司。

第三,特区所在 1989—1991 年连续三年的审计报告中,对原野公司严重违反我国会计制度规定、隐瞒实际情况、有意作不实报告的虚假行为,未作出任何揭示而均予以确认。

原野公司问题还涉及公信所和宝安所。公信所对原野公司 1989 年第二次资产评估出具了评估审计报告,对该公司为扩大升值金额而虚列资产项目的做法未提出任何异议而全部予以确认,造成严重后果,并导致个人股东抽逃资金 520 万元。宝安所对原野公司 1989 年第一季度财务报表出具审计报告,而这次报告所附资料乃至报告本身全部是公信所提供的,宝安所未经审查予以全部确认,属于代他人签字的行为。

1992 年 9 月 18 日,广东省财政厅公布了最终的处理结果:

第一,特区所停业整顿,冻结财产。

第二,特区所所长马某时和签字人张某琳、宝安所签字人朱某玲共三位注册会计师被注销资格。同时撤销了马某时的特区所所长职务。

我仔细看过这个案件的许多资料,对于这次验资和审计的失败,最大的感慨是当时的注册会计师对待审计工作太草率了,甚至有主动作伪证的嫌疑。比如 1988 年 9 月,特区所为原野公司的评估增值调账出具审查报告书(张某琳签字),将所有的评估增值 2 754 万元全部分配给非国有股东,确认国有股东只分得优先股股息 40 万元,当年 11 月还为国有普通股转为优先股出具超出会计师事务所业务范围之外的公证书(这个更怪异)。如果不是注册会计师自身的专业水准太低,这种明显的不合常理行为差不多可以直接认定注册会计师在帮助非国有股东侵吞国有资产!这在后来的审计案件中也是十分少见的。

原野案的后续处理是:

1993年3月初,深圳市政府决定重组原野公司。1993年12月29日,原野公司重组为世纪星源股份有限公司,并于1994年1月3日复牌交易。直到今天,这家公司在股市依然存在。

1995年9月28日,深圳市中级人民法院以挪用公司资金罪和侵占罪,判处彭建东有期徒刑16年,附加驱逐出境,将随案移送的赃款人民币29万元依法没收,并上缴国库。

彭建东不服一审判决,上诉至广东省高级人民法院。1995年11月28日,广东省高级人民法院经审理裁定驳回上诉,维持原判。

而特区所最终被撤销;所有财产被没收,上交给深圳市财政局。

原野案终于尘埃落定。

原野案对中国证券市场的运行和监管模式的影响是全方位的。1992年10月,也就是在原野案撤销相关注册会计师资格后的一个月,证监会成立,全国统一证券交易规则的制定开始推进。第二年,《股票发行与交易管理暂行条例》等一系列法规相继颁布,这些证券监管机构的设立和交易法规的制定都与原野案有着直接的关系。原野案是注册会计师和会计师事务所有史以来第一次被如此严格地处罚的案例。原野案暴露的问题是全面而深刻的:审计人员工作态度随意甚至不编制验资的工作底稿;会计师事务所缺乏质量控制措施;担心客户流失,迁就客户,从而失去独立性;行业自律和监管不到位;从业人员严重缺乏风险意识以及整个行业没有一套完善的执业标准和行业法规;等等。第二年,中注协开展了注册会计师行业的清理整顿(1993年),并开始了《注册会计师法》《中国注册会计师独立审计准则》等法律法规和执业准则体系构建的准备工作。

对于整个中国而言,原野案不过是资本市场种种乱象一个小小的开端。随着中国经济的发展,资本市场中的博弈拼杀正以更深更广的程度展开。怎样才能在资本市场上长久地生存下去,很快就成为中国注册会计师和会计师事务所需要直面的问题。

[1] 2015年8月24日,中共中央、国务院印发的《关于深化国有企业改革的指导意见》(中发〔2015〕22号)在"(七)推进公司制股份制改革"中提出:"允许将部分国有资本转化为优先股,在少数特定领域探索建立国家特殊管理股制度。"同年9月24日,国务院发布的《关于国有企业发展混合所有制经济的意见》(国发〔2015〕54号)在"(十四)探索完善优先股和国家特殊管理股方式"中提出:国有资本参股非国有企业或国有企业引入非国有资本时,允许将部分国有资本转化为优先股。在少数特定领域探索建立国家特殊管理股制度,依照相关法律法规和公司章程规定,行使特定事项否决权,保证国有资本在特定领域的控制力。

第十八章　维度打击

弱者，连死的方式都无从选择。

——尾田荣一郎《海贼王》

1992年5月,中国注册会计师第二次全国代表大会召开了。

此刻的中国注册会计师行业正受到邓小平南方谈话的鼓舞,提出的目标是:到2000年,注册会计师由6 700多人发展到50 000人,会计师事务所由500家增至2 000家,客户由外企拓展到国营企业、集体企业、联营企业、企业集团、股份企业、私营企业等,业务对象由验证查账扩展到包括发行股票在内的所有需要社会公证的经济业务。这些目标在3年后就差不多变成了现实:注册会计师达到了5.3万人(含注册审计师),会计师事务所达到2 400多家(这还不算审计事务所的3 900多家),客户和业务对象基本实现了预期目标(除一般的非公司制度的国企、企业集团才开始介入审计外)。

不过我觉得有一件事情要比这一次全国大会重要多了,那就是毕马威国际会计公司(以下简称毕马威)与财政部下属的华振会计师事务所在这个月签署了合作协议。

这是一次双方实力差距无比巨大的合作。

毕马威是全球审计和会计服务领域赫赫有名的"四大"之一。1991年度,毕马威取得61亿美元的营业收入,这个收入总额在当时的国际"六大"中排名第一。毕马威在全球拥有7 000多名合伙人以及870多个机构,是一个拥有百年历史的国际会计公司。相比之下,莫说中国的一家会计师事务所,就是当时整个行业全部加起来,也难以望其项背:毕马威的合伙人比我们全部注册会计师的数量还多。业务规模差距也很大,此时中国全行业业务收入尚未达到1亿元人民币,中国会计师事务所全行业(包括四大合作所在内的7 104家会计师事务所)收入第一次超过61亿美元是在2011年(440亿元人民币,折合69亿美元),这已经是20年之后了,而且这还没有考虑美元在20年间大幅贬值的因素。

然而,为了这份合作协议,毕马威等待了9年。

早在1983年,毕马威就在中国设立了办事处,为外资企业提供审计、税务等服务,不过这些服务中的审计、税务等鉴证业务的结果只能在境外使用,原因是国内的审计市场还没有对外开放。在此期间,毕马威不断投入,不断地和财政部、审计署等加强联系。

将近10年的投入终于获得了回报。毕马威拿到了中国这个蕴藏着无限潜力的巨大市场的入场券:和华振会计师事务所合办会计师事务所。因为这次合作的条件对外方来说非常优惠,所以毕马威简直是欣喜若狂。为何这样说?因为这家名叫华振的会计师事务所是财政部下设的一家事务所,其成立的目的就是与毕马威合作开办事务所,自身并无实际业务。因此,毕马威将牢牢占据着这家合作事务所的控制权,事务所未来发展的大部分利益都将归毕马威所有。关于这一点,我给大家仔细说说。

毕马威和华振合作成立的事务所叫毕马威华振会计师事务所。这家事务所的成立所依据的不是《注册会计师条例》等注册会计师方面的法规,而是《中外合作经营企业法》。众所周知,会计师事务所绝不是什么一般的企业,它是一个半营利性的中介机构,用一部管理普通企业的法律来规范一家会计师事务所,未免有些不伦不类。但这也怪不得财政部,按照道理来说,这件事应该由《注册会计师条例》这样的专门法规来规定,但是1986年颁布的《注册会计师条例》没有对这类外资办所的事情作出规定。而毕马威当时提出的办法是加盟,就是搞成员所,成立一个合伙制的会计师事务所,这也是国际惯例。但是财政部无法同意,因为当时对会计师事务所的定性是事业单位,注册会计师怎么能够成为事业单位的股东(这里是合伙人)呢?绝对不行!万般无奈之下,财政部创造性地发明了这种叫作"合作会计师事务所"的模式,即由中外两家事务所发起成立"会计师事务所",其中一家是外方的毕马威,另一家是中方的华振,双方各占50%股份。毕马威本来是拒绝的,但是它仔细研究一番之后,发现这个合作所比会员所好太多了。为什么呢?

因为合作所的控制权在毕马威,风险则全在华振。

由中方提议成立合作所,合作所立马就可以正式营业,节约时间。更重要的是,华振只是派出几个人员来当这家合作所的董事长和总经理,如此一来控制权将被掌握在毕马威所掌控的合伙人委员会中。而审计报告由华振签字(毕马威方没有中国注册会计师),法人(一般是董事长)也是华振来当，这种分工意味着出了事情由华振兜着，毕马威的主要任务是管理和分红——这样的好事，傻子才不同意！

毕马威抢得了先机，但是这样的好事岂能独享？安永国际会计公司（以下简称安永）和安达信国际会计公司（以下简称安达信）等也纷纷闻风而动。财政部为了防止毕马威一家独大，也就顺势而为，和"六大"的其他几家开始了磋商和谈判。

安永来中国比毕马威还早，1981年就在北京设立了办事处。没过多久，安永和财政部下设的华明会计师事务所达成了合作协议，成立安永华明会计师事务所。

对于安达信，现在的年轻读者可能知道得比较少，但是，凡是熟悉审计史的人都知道安然公司事件，以及那个在安然公司事件中轰然倒下的国际会计巨头安达信。这是一家背景极强的会计公司，为了获得批文，竟然让英国政府要员来中国会谈。而更加诡异的是，这个会谈的消息不是从英国官方，而是由安达信在北京的办事处传出来的，搞得当时中注协秘书长丁平准评价安达信除了"商人"，还有一个"政客"的身份。很快，安达信与财政部下设的华强会计师事务所签订了合作协议，成立安达信华强会计师事务所。

1992年7月，安达信华强、毕马威华振、安永华明三家合作事务所拿到了财政部的正式批文，批文编号分别为财会协〔1992〕23号文、财会协〔1992〕24号文、财会协〔1992〕25号文，安达信华强排在第一位。

"六大"中的三家捷足先登，另外三家怎么可能闲着？1992年12月，普华与大华合作成立了普华大华会计师事务所，德勤和上海会计师事务所成立了沪江德勤会计师事务所。永道晚一些，在1993年3月，其与中信会计师事务所成立了中信永道会计师事务所。与前三家不同，这三家合作会计师事务所的中方都是当时中国的顶尖会计师事务所，所以中方在其中还是有一定的实权的，尤其是中信永道，这个以后我们还会提。到了1995年3月，又有三家中外合作会计师事务所成立，但是影响远远不及这六家会计师事务所，所以略过不提。

1992年9月17日,即原野案处罚决定公布前一日,财政部和原体改委联合发布了《注册会计师执行股份制试点企业有关业务的暂行规定》,自发布之日起执行。这个文件对执行 IPO 和上市公司的审计业务的会计师事务所条件作出了规定,实际上也就是国家层面上"证券、期货"资格认定的开始。到了1993年2月7日,共16家事务所分两批拿到了这个资格。这个文件现在看起来没什么,但是根据当时中注协注册部主任丁平准的回忆,这些业务原本都要交给外方做,中注协注册部主任丁平准、证监会的首席会计师汪建熙、原体改委生产体制司司长孙树义据理力争,终于把本土事务所也给拉了进来。从这一点上看,财政部、证监会(还没有正式宣告成立)、原体改委还是相当恪尽职守的。

与我们还在"吃皇粮"的中国内资会计师事务所相比,"六大"的体量具有一定的优势,两者的组织管理能力和资本市场的口碑更是存在巨大差距。中方多数是"手工作坊",处在算盘还没有完全被淘汰的机械化时代(电脑刚开始得到应用);而"六大"已经走过了流水线式的工业化大生产时代,从电气化时代进入信息化时代!对于这一点,我们国内注册会计师及财政部等主管部门还没有清晰的认识。

"六大"设立的合作事务所在中国的发展势头只能用突飞猛进来形容。最优质的客户、最优质的人才和最优惠的政策全部向"六大"靠拢,"六大"已经成了中国资本市场的镀金圣地:一大批优质的上市公司尤其是大型国企以聘任"六大"的会计师作为进入资本市场的必备敲门砖,一大批优秀的注册会计师和财会人才以能进入"六大"工作甚至是实习为荣,很多财税、价格、聘用及监管政策都对"六大"实行"超国民"待遇。到了1997年,六家"六大"的中外合作事务所的总数不过占全国事务所总数的千分之一,但总收入已经占到全国所有事务所的十分之一。

当时中注协、财政部的想法是用市场换技术,让"六大"先富带后富,带动中国注册会计师在几年的时间内快速赶上国际先进水平。但现在看来,这种想法可能有些幼稚,人家为什么要教你?教会徒弟饿死师傅知道吗?当然,财政部和中注协当时为了防止外国会计师事务所大规模进入中国造成冲击过大,设置了比较高的门槛:只有"六大"和那些在全球排名靠前的极少数大型会计师事务所才能进入中国。其他的约束条件也有不少,在此不一一列举了。公正地说,财政部和中注协已经尽力了。

第十九章　你的名字

至人无己，神人无功，圣人无名。

——庄子《逍遥游》

1993年10月的最后一天,《注册会计师法》在第八届全国人民代表大会常务委员会第四次会议上通过,并定于下一年的1月1日实施。注册会计师终于拥有了专属于自己的"法律制度"。《注册会计师法》与同一年12月29日颁布的《公司法》,成为中国注册会计师行业乃至市场经济规范化和法制化的里程碑式事件。

从1993年到1995年,中国经济增长率分别为13.1%、12.6%、10.2%[1],伴随着经济的快速发展,注册会计师和会计师事务所的发展也迎来了井喷,到1995年年底,全国会计师事务所达近2 400家,审计事务所达3 900多家,合伙会计师事务所达8家,中外合作会计师事务所达9家;整个会计行业共拥有从业人员10.5万人,其中具有注册会计师、注册审计师资格的人员达5.3万人[2]。1993年全行业不含审计事务所的收入还只有8 211万元,1994年就达到了12.7亿元,1995年更是达到了32.4亿元(含审计事务所)。

上述统计数据中,有些词汇大家看了会比较晕,比如"审计事务所""注册审计师",这个和会计师事务所、注册会计师有区别吗?怎么看起来就像是一个东西啊?

您的看法是对的,它们不但看起来是一个东西,实际上就是一个东西。网上现在还有一些人问这个问题:"注册会计师为何不叫注册审计师?"

这个问题我也是纠结了很久,让我试着跟大家解释一下:

因为注册会计师是个舶来品,所以我们先从翻译的角度说起。会计师的英文单词是"accountant",这个单词的标准含义就是会计人员或者会计师。称呼注册会计师时,一般在这个单词前加"certified"。"certified"是"具有证明文件的""有保证的""证明"的意思,两个词合起来"certified accountant"就是具有证书的会计师。这个证书一般是政府或者政府认可的会计师协会颁发的,认可会计师具有查账资格的文件。今天中国注册会计师标准的翻译是"certified public accountant","public"这个词是"公众""公共"的意思,三个单词合起来就是具有证书的公众会计师——注册会计师为整个社会服务,所以这么称呼比较全面。按照上述解释,"certified public accountant"翻译为"注册审计师"其实也没有什么不可以,注册会计师的本职工作就是查账和出具审计报告。

不但如此,在中国,有好几年,"注册审计师"这个称谓是真实存在的。1989年7月,审计署颁布《关于社会审计工作的规定》,其第四条规定,成立审计事务所应具备与业务规模相适应的具有审计师以上资格的执业审计师。这里的审计师就是指注册审计师,可以算是"注册审计师"第一次正式出现在官方文件中。再往前追溯,1983年8月,广东江门市会计咨询服务公司成立,这是我能查到的最早的一家审计事务所,他的挂靠单位是江门市审计局,比最早的1981年成立的上海会计师事务所晚了2年多。虽然出现较晚,但是审计事务所和注册审计师在发展势头上完全是后来者居上——到1995年,审计事务所的数量是3 900多家,注册审计师约3万名,而此时的会计师事务所不过才2 400多家,注册会计师约2.5万名![3]

有审计署做依靠,审计事务所和会计师事务所的竞争是必然的。这在国外已有先例,比如英国,其国内就有6个注册会计师团体(这还不算1991年成立的特批公共会计师协会),也没有听说发生什么大乱子。但是,中国的国情不一样。当时一些企业和上市公司只能接受双重审计。终于,1995年6月,财政部部长和审计署审计长签署了联合协议。1996年6月,中国注册会计师协会全国特别代表大会召开,标志着注册会计师和注册审计师的融合。今天,不用说一般的社会公众,就算是像我这样的注册会计师,也对注册审计师的这段历史知之甚少。

1998年6月,根据审计署下发的相关文件,原来审计署"指导和管理社会审计"的职能划归财政部。从此以后,财政部门成了唯一的社会审计主管部门。

注册会计师行业实现了"大一统",这不但使内耗的问题得以解决,也为注册会计师的其他改革做好了铺垫。

在"大一统"的同时,注册会计师和会计师事务所的工作规范,即《中国注册会计师独立审计准则》得到有条不紊地推进。1995年12月25日,第一批《中国注册会计师独立审计准则》由财政部公布,并于1996年1月

1日执行。第一批独立审计准则由序言、基本准则、会计报表审计等7个具体准则和1个实务公告(验资)组成,财政部原先发布的《注册会计师检查验证会计报表规则(试行)》等临时过渡性制度同时被废止。1996年12月26日,第二批《中国注册会计师独立审计准则》公布,包括8个项目具体准则和3个实务公告,并于1997年1月1日执行。中国注册会计师的执业行为正式走向制度化和标准化。

1996年4月19日,国务院发布《关于整顿会计工作秩序进一步提高会计工作质量的通知》,第一次明确要求依法实行企业年度会计报表审计制度:凡是没有实行年度会计报表审计制度的国有大、中型企业,必须在1997年年底前实行年度会计报表审计制度;到2000年,依法应当实行会计报表审计制度的所有企业,必须实行年度会计报表审计制度。这个规定实际上是把财政等部门对国企的审计职权正式地交给了注册会计师。由于中国国有企业数量众多,资产规模巨大,很多大中型会计师事务所得到了稳定和优质的客户资源。这也代表着注册会计师审计业务的客户范围已经基本扩张完毕,注册会计师多年的"夙愿"终于变成现实。

1996年10月4日,中注协加入亚太会计师联合会(CAPA),中国注册会计师向国际化迈出了重要的一步。

---

[1] 国家统计局:《中国统计摘要》,中国统计出版社1996年版。

[2] 张瑜:《我国社会审计中介机构现状及发展前景》,《事业财会》,1996年第6期。

[3] 此段数据出自丁平准的《风雨兼程——中国注册会计师之路(体制卷)》,1995年年检合格人数为25 128人。

第二十章　破茧成蝶

文明其精神，野蛮其体魄。

——佚名

1992—1996年，关于注册会计师的法律诉讼事件增多，其中原野案、长城机电案、海南中水案、德阳验资案最令会计师行业头疼，然而，祸不单行，一件更负面的事件发生了。

针对会计师事务所的乱象，有全国人大代表写了建议书，交到了1997年3月的全国人大八届五次会议上，建议的题目是"政府行政部门利用职权干预社会中介机构行为造成中介机构服务市场的无序竞争的现象亟待清理整顿的建议"。

其主要内容是：有的政府行政部门自办的各种事务所（评估所），利用部门行政权力和手段为其招揽业务，以各种名义控制和垄断社会中介项目，以达到创收的目的，同时也加大了企业负担，反响较大。建议对这种后患无穷的不正当竞争行为进行清理整顿。

人大代表的建议就是及时雨。很快专案组就成立了，查！

这一查，查出好几个典型。比如人民来信中反映的河南豫经会计师事务所，它挂靠于河南省财政厅，是正处级事业单位。该事务所在省原工商局内设立验资处，发了5 000份挂号信通知需要到省原工商局年检的企业到该所办理年检审验。由于客户太多，该所不得不在原工商局边上租用宾馆办公，并一不小心地就创造了两项世界纪录：

一是审计方法的创新——客户念，注册会计师记。

二是一天出具163份审验报告，平均三分钟出具一份审验报告。

还有不得不提的就是，该事务所对每一位介绍业务的人都给予20%至60%的业务提成，童叟无欺。

所长告知：提成怎么分，介绍人自己定！[1]

河南豫经会计师事务所验资案的影响非常严重，但比起和它几乎同时发生的琼民源案，那就是"小巫见大巫"了。

琼民源案被称为中国证券市场建立以来最大的证券欺诈案。该案件性质之恶劣、影响之严重，可谓"前无古人，后无来者"。

案件的主角是海南民源现代农业发展股份有限公司（以下简称琼民源）。该公司于1988年7月在海口成立，1993年4月在深交所上市，上市后业绩就一路下滑。该公司到了1995年净利润为38万元,每股收益为0.001元,是名副其实的垃圾股,根本无人问津。不过该公司胆大包天,于1996年中期开始大肆释放并购等各种利好消息,操纵市场,上演了一出垃圾股变身绩优股的股市神话。诸如扭亏概念股、高科技概念股等名头有十几个,非常奇葩的是其中有一个竟然直接叫作"关系概念股"！1996年公司财报公布,公司全年净利润竟然达到了5.7亿元,比上一年的38万元增长了近1 500倍,其净资产中的资本公积还一下子增加了6.57亿元。年报公布后,琼民源的股价上涨到26.18元,是上一年4月1日股价(2.08元)的近13倍。这样剧烈的增长难免令人对其业绩表示质疑。种种传闻之下,琼民源出具了补充公告,声明其年报是准确的,担任年报审计的海南中华会计师事务所没有表示反对,而是予以默认。

1997年3月,该公司董事在讨论利润分配的股东大会上集体辞职,导致琼民源无人申请复牌。如此"壮举"创下了中国股市董事集体辞职以及因为董事集体辞职而导致无人申请复牌的纪录。其实这都不算大事,真正的大事是琼民源公司竟然和证监会叫板:该公司在1997年3月7日安排了40多名工人围攻证监会,工人们指责证监会让他们领不到工资。同时,该公司还认为证监会诬告自己,影响公司运作。更恶劣的是,它在派人围攻证监会的前一天,还派人打匿名电话恐吓证监会！

这三件事清楚地说明,琼民源以董事长为首的那帮高管们已经无药可救。

于是,证监会、审计署、人民银行3个部门组成调查组进行调查。1年多后,调查结果对外公布(其实主要事实不到1个月就查清了),该公司虚构利润5.4亿元、违规评估调增资本公积6.57亿元等财务造假事实浮出水面。这件事的处分结果是,该公司董事长入狱。承担年报审计业务的海南中华会计师事务所被撤销,该所负责人沈中民被吊销注册会计师资格。在报告上签字的是该所上级单位中华会计师事务所(它是海南中华会计师事务所的母公司,海南中华会计师事务所没有证券资格,所以需要上级所签字)的两位注册会计师,他们也被证监会暂停从事证券业务资格3年。这两位注册会计师其实也是无奈的。这个审计业务是海南中华会计师事务所的审计人员做的,没能发现错误主要是因为海南中华会计师事务所审计人员的专业能力差和审计程序执行不到位。两位签字会计师连琼民源的现场都没有到过,她们根本不想在报告上签字,更是怀疑过琼民源的业绩不正常,但是在海南中华会计师事务所所长"保证"和本所"所长会议"的决议要求之下,她们不得不按照"惯例",在审计报告上签字。在评估方面,违规为琼民源出具评估报告的海南正大会计师事务所被证监会暂停从事证券评估业务资格6个月,直接责任注册会计师被暂停从事证券业务资格3年。

这个案件算是证监会成立以来处理的第一个影响巨大的证券欺诈案了。对于注册会计师行业来说,由于中华会计师事务所是当时全国最大、最强的内资会计师事务所,也是最早一批成立的,这个案件对本土所和中国注册会计师的形象造成了极其负面的影响。

1997年4月20日,时任国务院副总理的朱镕基在中注协的一份工作简报上亲笔作出批示:扎实工作,整顿会计师工作。朱镕基主管金融,他作为副总理,直接审阅一个行业协会的工作简报,并且亲笔批示,这是相当罕见的。

财政部和中注协下定了决心,一定要脱钩改制。

1997年12月31日,深圳市会计师事务所脱钩改制完成。

1998年4月10日,在琼民源案的调查结果正式公布的19天前,财政部颁布了《关于执行证券期货相关业务的会计师事务所与挂靠单位脱钩的通知》(财会协字〔1998〕22号),脱钩改制的攻坚战打响。

1998年年底,103家具有证券、期货审计资格的会计师事务所完成脱钩改制。

1999年年底,全国原有的6 045家非证券期货资格所中的大部分也完成了改制[2]。

脱钩改制,就是人员、财务、业务和名称均与挂靠单位脱钩,就是真正离开体制。对于中国注册会计师而言,他们将第一次直面市场的优胜劣汰。

这是必须走出的一步,不可避免。

---

[1] 丁平准:《风雨兼程——中国注册会计师之路(改革卷)》,东北财经大学出版社2001年版。

[2] 钟注:《全国会计师事务所脱钩改制如期完成》,《中国注册会计师》,2000年第3期。

第二十一章　百年树人

郁孤台下清江水，中间多少行人泪？

——辛弃疾《菩萨蛮·书江西造口壁》

2000年，中国的会计师事务所与挂靠单位的完全脱钩基本完成[1]。

事务所要活下去，首先就要有客户。改制刚完成，很多事务所就采用压低收费标准、提高业务介绍佣金比例、接盘高风险业务、快速合并且扩大规模等方式抢占市场。于是改制后不久，有些普通注册会计师就痛苦地发现：只要能赚钱，有一部分合伙人（或股东）甚至所长（主任会计师）是没有底线的，只要不是太出格的业务，他们都敢接，报告也敢出。

而且那些合伙人的理由很充分：你说有风险不能接，你说风险大不能出报告，但事务所有好几家，你信不信如果你不做，马上就会有人接手？我们也有业绩压力，我们还要给你们开工资、交社保呢。

非常不幸的是，这些合伙人的理由是对的，因为他们说的竟然都是事实。

作为员工的注册会计师能怎么办呢？抗命不从？显然不行，如今不在体制内了，员工有编制的时代已经成为历史。事务所已经变成民营企业，普通注册会计师只是一个打工的。

当然，绝大多数事务所不会直接开除注册会计师，因为他们毕竟属于稀缺资源。很多大中型事务所最喜欢对外宣传的内容就是它们从不主动开除一个员工。但是你如果真敢拒绝合伙人的要求，你在这家事务所也基本待不久了，在这方面所有的事务所都差不多，而这也是事务所员工流动性较大的原因之一。

商场是残酷的：几千家私营会计师事务所一同涌入市场的后果只能是恶性竞争屡屡发生。再加上几乎所有审计招标都规定最低价中标，最终低价竞争让事务所的领导很是头疼。但是我要说，这时令很多事务所的领导最头疼的并不是如何管控员工，或者如何抢占市场、压缩成本，而是如何治疗脱钩改制后遗症，即解决谁是老大、产权（所有权）归谁所有的问题。

对于最高领导的任命，改制前以挂靠单位说了算居多，至于改制后，虽说是多方博弈的结果，但多数情况下还是挂靠单位说了算。一般而言，不论采取哪种分配方式，最终的结果差不多都是原来的所长和高管成为赢家。

还有一个比这更加危险、更加致命的问题：所有者之间的派系斗争，以及有野心的人对事务所最高领导权的觊觎。普通会计师的不满与人事斗争叠加在一起，让很多事务所内暗潮汹涌，有的权力斗争更是达到了公开化和白热化的程度。

产权斗争是无解的，必须分出胜负。这个时候作为事务所生命线的审计业务质量控制，已经没有多少人去关心了。

如此一来，本土所迟早要出大事。

没多久，内资大所中天勤就因为银广夏案轰然倒下。

中天勤会计师事务所是深圳最大的事务所，拥有超过60家上市公司客户。中天勤在2000年7月经过深圳市注册会计师协会批准，由中天会计师事务所（以下简称中天）和天勤会计师事务所（以下简称天勤）合并而成。2000年12月21日中天与天勤的合并申请获得了深圳市财政局的正式批准，不过直到中天勤解散，这个合并也没有最终完成，原因就在于银广夏事件的影响。

中天的前身是深圳中华会计师事务所，成立于1986年12月[2]，挂靠单位是原电子工业部，具有证券、期货审计资格。天勤的前身是蛇口中华会计师事务所，成立于1984年4月，挂靠单位是原交通部。1997年，深圳的会计师事务所提前"脱钩改制"，两家事务所完成了华丽变身，分别成立了合伙制的"中天"和"天勤"。两家事务所在改制后上演了一场惊心动魄的"所有权加最高领导权"的争夺战。最终，原来两家事务所的首席合伙人都被强制退休，事务所控制权易主。这其中，银广夏案件的签字注册会计师刘某荣和徐某文都是中天权力斗争事件的重要参与者。两家事务所合并后，并未一起办公，实际上是一种松散型的组织体。两家大型事务所在1997年改制后的几年中，竟然没有提拔一个合伙人。处于资本原始积累阶段的企业负责人对所有权的敏感程度是最高的，他们并不具备超乎常人的胸襟和格局，这也注定了中天勤走不远。

银广夏的全称为广夏（银川）实业股份有限公司，创始人为陈川。陈川，1939年出生，曾担任银川话剧团的编剧。他1984年到深圳创业，先后创建了深圳广夏文化公司和深圳广夏录像器材公司等企业。在1992年的公司热中,陈川在银川注册了一家叫作"广夏(银川)磁技术有限责任公司"的企业。至于为何跑到宁夏银川这样一个离深圳这么远的地方注册公司,其实原因也很简单,那就是当时中国的上市额度是按照省份分配的——那几年中国股市实行审批制度,每个省份都有自己的上市额度。银广夏1994年6月在深交所上市,股票代码为00057,是宁夏回族自治区的第一家上市公司。银广夏上市之后业绩平平,因为其原来的"软盘"(有点类似于今天的"U盘")主营业务在残酷的市场竞争和技术迭代中已呈下降趋势。虽然主营业务搞得不好,但这家公司却一直没闲着,它最主要的活动就是进行各种各样投资,光投资的各种公司就有40多家(2000年)。到了1999年,银广夏开始了疯狂造假之旅,通过伪造外贸发票单据、购销合同等各种手段,虚构公司业绩。1999年年末,银广夏开启了长达1年多的股价飞涨神话,被称为"中国第一蓝筹股"。

1993年,银广夏准备上市,当时中天的所长承揽了这项业务。自那以后,中天一直为银广夏出具无保留意见的标准审计报告,直到银广夏案发。

而银广夏案发,缘起于证券分析师蒲少平的一篇文章。

2001年3月31日,《财经时报》的周末版《新证券》(第6版)发表了蒲少平的文章:《关于银广夏的九个疑点》。这篇文章对银广夏2000年度财务报告数据的真实性提出了九个疑问。一石激起千层浪,原本就被部分机构质疑业绩造假的银广夏有些慌了。两天后,《财经时报》和《证券市场周刊》编辑部接到了银广夏和中天勤对蒲少平的书面回复,也可以说是"答辩状"。第二天,《证券市场周刊》将"答辩状"予以公开发表,算是真正把银广夏推到了风口浪尖。接到回复的蒲少平又进一步提出了7点疑问,在2001年4月10日《财经时报》刊登的《银广夏的业绩真实吗》和《透视银广夏1998年业绩》等文中列出。2001年8月2日,和讯网发表了《银广夏陷阱》。这篇长文用翔实而无可辩驳的资料和数据对银广夏的奇迹进行了透彻的分析,其全部内容可用两个字来概括:骗局!各大网站和各种媒体纷纷转载,证券市场一片哗然。

2001年8月8日,银广夏发布公告,承认了其天津子公司(银广夏利润的主要贡献者)在产品产量、出口数量、结汇金额和财务数据等方面造假的事实。明眼人都知道,银广夏已经没有招架之力,这不过是最后的挣扎,等待它的命运是不难猜测的。

银广夏完了!

中天勤这个刚刚成立的会计师事务所连同两名在审计报告上签字的注册会计师也一同完了。

2002年2月,财政部正式发文,吊销了中天勤的执业资格和刘某荣、徐某文两位执业注册会计师的注册会计师资格。2003年9月16日,两名签字的注册会计师分别被判处有期徒刑2年半和2年零3个月,并各被处以罚款3万元。

美国的安然公司造假事件和银广夏事件几乎同时爆发,因此银广夏造假也被称为中国的安然事件,这个说法很不严谨,但是我不在此讨论了。

在这个事件中,人们对会计师事务所和注册会计师的关注焦点是:会计师事务所和注册会计师到底主观上有无参与造假,有无接受贿赂?会计师事务所和注册会计师应承担什么样的法律责任?

从案件的复盘来看,两位签字的注册会计师没有主动参与造假,项目组也没有收受任何贿赂,但是忽视风险、审计程序执行不到位是事实。他们的疏忽之处主要包括以下四个方面:

其一,审计团队只有十几个人,人数严重不足[3]。银广夏的股权结构和业务复杂,子公司达40余家,十几个人是无法应对这样的集团式上市公司的年报审计业务的(在当时的条件下)。

其二,天津子公司占集团合并利润的75%以上,但是现场审计人员不过是两名审计助理。两个人均非注册会计师,更没有外贸企业审计经验,根本不能胜任这么重要的审计任务。

其三,银广夏业绩异常,股价暴涨,注册会计师并未予以合理关注。

其四,应收账款函证、分析性复核等重要的审计程序执行不到位。

其实还有一条,就是签字的注册会计师过于相信有着无数光环的银广夏，认为多年的客户不会出问题，于是没有保持必要的职业谨慎，丧失了警惕性。从他们轻易接受银广夏的委托、匆忙回复蒲少平的质疑就可以看出来——那篇回复的文章太过随意，莫说我这样的专业人士，就连普通股民都觉得其避重就轻，问东答西，不知所云。两位注册会计师的表现实在是太轻率了，这种问题根本不应该出自这两位毕业于天津财经学院（现为天津财经大学）、"科班出身"的"资深注册会计师"之手。对于业绩和股价暴涨暴跌的上市公司要保持最高程度的职业怀疑，这是注册会计师的常识。要是当时他们小心求证一下，未必不可挽狂澜于既倒，求得一线生机。但是刘某荣和徐某文失去了最后的机会，最终同中天勤一起陷入万劫不复的境地。

银广夏事件对中国注册会计师的负面影响甚至胜过琼民源案，一时间，本土所行业形象坠入深渊。教训无比惨痛，但是这样的事件是避免不了的。脱钩改制不是包治百病的仙丹。恰恰相反，它令事务所在万丈悬崖边永无止息地狂奔，稍有不慎就会粉身碎骨。职业风险意识的建立与提高、质量控制体系的构建与完善是一个充满血与泪的漫长过程，这个过程只有开始，没有结束。它涉及会计师事务所内外部多方面的博弈，绝不可能一蹴而就。这个过程实际就是注册会计师行业自身完成工业化，以适应和促进中国工业化进程的过程。除了提高职业风险意识，没有任何一种方法能够帮助注册会计师抵御执业过程中存在的巨大风险，这是一条必由之路并且是唯一的一条。

银广夏审计失败所暴露出的会计师事务所在所有权顶层设计、组织与治理结构设置、内部质量控制、项目成本控制、合伙人晋升体制、薪酬考核制度、合并重组管控、企业文化建设等多方面存在的深层次问题，在全国本土所中具有普遍性和长期性。对它的反思、剖析和追问，对国内注册会计师行业的工业化水平提升具有不可忽视的巨大意义。如果有读者有意从事会计这个行业，这是一个非常值得您花时间深入学习和研究的经典案例。

[1] 中国会计年鉴编辑委员会:《中国会计年鉴2000》,中国财政杂志社,2001年版。

[2] 朱震昌在《新的事业新的探索和追求——开办深圳中华会计师事务所的经验》(《财务与会计》,1989年第9期)中说:"我们深圳中华会计师事务所于1987年3月登记注册,经10个月边筹备边试营业,在人员、业务以及其他条件基本具备的基础上,于1988年1月20日正式开业。"这个说法与本文中的说法有出入,供参考。

[3] 2001年中期审计,项目团队共14人。其他年份未知,但是按照一般的审计团队组成惯例和当时中天勤的情况推断,1999年至2000年审计团队应该也会在14人左右,不可能达到20人。

第二十二章　英雄气概

苟利国家生死以，岂因祸福避趋之？

——林则徐《赴戍登程口占示家人》

2000年2月的一天,信永会计师事务所首席合伙人张克正在办公室里工作,财务经理神色紧张地进来,告诉张克:账上只剩下8万元了,张总,怎么办?

张克心中一惊,但是表现得极为平静,他告诉财务经理:不要声张,严控支出,然后我想办法。

张克非常清楚,信永会计师事务所已经走到"最危险的时候"。让合伙人凑钱?不可能!事务所刚和普华永道分家,包括他在内的5位合伙人都已经把自己的资金投入这家刚刚成立的事务所,没钱了。向客户收钱?不可能!现在是会计师行业最繁忙的时候,审计业务(主要是年度财务报表审计)正在紧张地推进,大部分业务会在一两个月内完成,然后在出具审计报告后,陆续收回审计款,这是会计师行业的收费惯例并已写进合同。向老东家中信借?不可能!在1998年事务所脱钩改制的时候,中信对自己的孩子"信永"可谓是扫地出门,全部中方财产都已经上交。向普华永道借?天方夜谭!这位老伙计为了留住张克,几乎用尽了浑身解数,除非张克能"回心转意",重回普华永道的"怀抱"。

而让张克重回普华永道的怀抱,张克也不愿意。这个我们等一会儿再说。

资金链岌岌可危,怎么办?

张克找到了自己的老同学——慧聪网的创始人郭凡生,向他开口借钱。郭凡生很仗义,当即拿出200万元对张克说:拿去用,能还则还,不能还就算了。

雪中送炭!这是一笔值得张克,值得信永,甚至值得整个中国注册会计师行业铭记的钱!

拿着这200万元,信永坚持到了七八月份,大部分客户的审计费用收回,整个事务所的业务走入了正轨。

之后,信永会计师事务所通过多次合并其他所,成为中国会计师行业的一面旗帜,成为一个令"四大"忌惮的竞争对手。而张克也成为国际同行,尤其是"四大"敬重的中国注册会计师。

让我为大家简要地介绍一下这位被丁平准老先生称为中国注册会计师"第一人"的张克。

张克,1953年6月出生,西安人,父母均是大学学历。1966年他上初中正赶上"文化大革命",初中3年近乎荒废。1969年初中毕业后,张克在陕西安康农村下乡4年,吃不饱饭是常态。注意,这个饭指的是玉米糁,白米饭只有过年才能吃几顿。1978年高考,初中学历的张克直接报考大学并金榜题名,进入中国人民大学学习。1982年,张克毕业,被分配到中国国际信托公司下属的子公司——中国国际经济咨询公司工作。

中国国际信托公司即今天赫赫有名的中信集团的前身,当时是国务院下属的正部级单位,邓小平评之为"改革开放的一个窗口"。而中国国际经济咨询公司是中信公司的第一家全资子公司,其成立于1981年,主营各种咨询业务。该公司的名誉董事长是曾担任国家副主席的荣毅仁,总经理是号称"中国第一公关"的经叔平,也是民生银行的创始人。

这个分配不算优待,因为那个时代的大学生是名副其实的天之骄子。张克被安排在财务咨询管理部门工作,这个部门的主要工作就是审计以及管理咨询,是中信会计师事务所的前身。这个部门创立之初有李文杰、季树农、于家骥等老先生做顾问,中央财经大学的李天民、李翠芬等也在其中兼职。这些人都是会计界和审计界赫赫有名的人物。比如,李文杰是排在第一号的注册会计师,立信功勋级元老,在中华人民共和国成立前就是著名的注册会计师、律师。在这些老前辈手下工作,张克进步神速。3年后,32岁的张克从主任科员直接升为正处级,这种事情莫说是在当时,即使在现在也不多见。1987年,中信会计师事务所正式成立,张克成为这家事务所的实际负责人。中信会计师事务所成立没多久就与财政部下属的中华会计师事务所齐名,张克的能力再次得到全国同行的认可。1988年中注协成立时,张克35岁,在几乎全是退休老干部当所长的数百家会计师事务所中,"白发丛中一点黑",那真是想不出名都难。

1993年,中信会计师事务所与"六大"中的永道合作,成立了中信永道会计师事务所,这是唯一一家中方的名称列在外方名称之前的合作所。张克带着几乎全部中信的人马和永道联合。与其他六大事务所大部分是外方独揽大权不同,张克牢牢地掌握着整个事务所经营管理至少一半的控制权,就连清洁工的工资怎么定,都要张克审批才行。这让永道很不爽。其他六大事务所都是外方说了算,凭什么你中信的张克就手握重权?永道撤换了专注技术、不关心政治斗争的外方总经理尹锦涛,换了几拨人用各种方法打压、排挤张克,想方设法夺取事务所的控制权,但最终都以失败告终。1999年,张克面临一个艰难的抉择:留下来,成为普华永道的高级合伙人,这可是全球顶级的会计师事务所,前途无量;或者离开,白手起家,闯出一片天地。中信永道的外方负责人史达德和普华永道的中国区负责人孙小山(英文名:Kent Watson)对张克再三挽留。其中孙小山甚至开诚布公地说:"你要理解,第一号职务只能我来做,剩下的位子你随便选。"

这个挽留待遇,好得真的不能再好了。

但张克的回答是:"我希望:一是开心些,二是要有点成就感。"

开心和成就感永远都不可能是别人施舍的,它们只能由自己去争取。

张克选择带着将近100人离开。这个人数占了中信永道总人数的一半多。史达德被吓到了,赶快出招,只要这些人肯留下就给重奖。尽管如此,依然约有60人选择跟着张克一起创业。

跟着张克的员工都清楚,他们自己的前途艰险难测,张克不可能因为员工跟着他离开而发什么奖励;之后的工资也不可能达到普华永道的水平,很可能连一半都达不到。张克的人格魅力可见一斑。

1999年10月,信永会计师事务所成立,业务顺利开展。2000年,信永会计师事务所与中和会计师事务所合并,成立了信永中和会计师事务所(简称信永中和)。中和会计师事务所的"婆家"是原机械工业部,合并前年收入达到2 000多万元,员工有1 000多人,客户主要是大型国企,是一家名副其实的内资大所。中和会计师事务所的所长叫叶韶勋,1960年出生,比张克小7岁,也在中国人民大学工科就读,算是张克的校友和学弟。从中国人民大学毕业后他考入财政部财政科学研究所会计专业深造，3 年后获得经济学硕士学位。他曾在原机电部经济调节司任副处长，后来担任中和会计师事务所的所长。叶韶勋回忆，愿意和信永合并的原因有很多，其中很重要的一条就是信永办公区很大气——整整一层楼，1 500 多平方米。作为圈里人，大家都知道信永刚刚和永道分家，正处于极度困难的时期，如此高昂的付出令同行们感到震惊。这是一次非常成功的合并，信永中和这个名字直到 20 多年后本书完成，也从未改变过。叶韶勋本人也成了张克最忠实的合作伙伴。叶韶勋在信永中和负责事务所的具体管理，一直工作到 2023 年。

2001 年，信永中和合并中天信会计师事务所，2002 年，其又合并了中友会计师事务所，规模迅速扩大。到了 2003 年，信永中和在日本成立日本审计业务组，邀请到了普华永道的日本负责人山本晃博士做信永中和的第一位外籍合伙人。2003 年，信永中和实现业务收入 8 473 万元，在全国排名第 7，在本土所中排名第 3。才 4 年的时间，信永中和就成了同行的劲敌。更难得的是，信永中和在质量控制、项目管理、一体化等方面表现优异，在行业内外口碑极佳，有一种"沛然莫御"的发展势头，让对手心生敬畏。普华永道当年对于张克的高度重视与大力打压确实有"先见之明"。

现在回头看，1999 年张克拒绝"高官厚禄"的"招安"，离开普华永道，带领约 60 个中国员工自主创业，已经成为中国注册会计师行业历史上的一个里程碑事件。在那个高端人才都以成为外企员工为荣的时代，在那个精英分子纷纷以留学移民作为自己终极理想的时代，在那个谁敢说 20 或 30 年后中国 GDP 可以追平日本（注意仅仅是日本）谁就可能会被围攻嘲笑的年代[1]，张克的选择蕴藏着珍贵的胆识、远见，还有勇气。

评价一个人是否强大有很多标准，最根本的是要看他的追求和志向。评价一个国家和民族，亦复如是。人类历史告诉我们，一切文明的较量，最终都不过是人的比拼。比拼出身与运气，比拼天赋与努力，比拼身体与智慧，比拼知识与财富，比拼意志与决心，最终比拼的是谁的理想更远大、更坚定。谁胜利，谁就留下；谁失败，谁就出局。这是文明发展的必然，也是生存的法则。

张克是一个真正强大的人,一位合格的共产党员。他是中国注册会计师的骄傲。

---

[1] 官方乐观派认为 2010 年可以追平日本,引自蔡贤伟《中国大战略(上篇)》(海南出版社,1996 年)。其中,第三章讲 2010 年赶上日本:"2010 年,中国国民生产总值预计达到 9.4 万亿美元,超过德国,赶上日本(9.4 万亿美元)。"第四章讲 2020 年超过美国:"2020 年,美国 27.5 万亿美元低于中国 29 万亿美元。"上述两章的主要内容发表在《经济视角》杂志 1997 年第 4 期上,标题直接采用书的章节名称,即《2020 年超过美国》。该杂志由吉林大学主办,是吉林省发改委的信息发布平台,属于官媒。

《中国大战略》出版 9 年后,网友雪亮军刀曾于 2005 年 1 月初在天涯发帖预测中国 GDP 在 2030 年追平日本,被无数网友及大 V 嘲讽,当然那些嘲讽者后来很快就被打脸了,5 年后中国就超过了日本(与蔡贤伟预测完全一致),这是个非常有名的网络事件。当然,那个时候一般公众人物谁也不敢发表中国 30 年内 GDP 可以追平或超过美国的预测。

第二十三章　双重审计

青山遮不住，毕竟东流去。

——辛弃疾《菩萨蛮·书江西造口壁》

从统计数据上看,在 21 世纪前后的中国证券市场,审计失败的案例并不多。

1996 年至 2001 年,中国资本市场上审计失败涉及的审计报告共计 27 份,平均每年 4.5 份。考虑到中国正处于企业产权与组织管理制度全面转换的大变革时代,整个资本市场处于资本增长狂飙突进、上市公司造假日益增多的剧烈动荡时期,再加上中国上市公司从 1995 年年末的 325 家暴增到 2001 年年末的 1 180 家,这真的不是一个很大的数字。

但是以琼民源、红光、东方锅炉(合称"新三案")为代表的审计失败案件,在全行业脱钩改制前就已经让注册会计师行业的良好声誉消失殆尽。脱钩改制并未能彻底改变这种情况。据中注协统计,在 2001 年里,有 110 多家会计师事务所和 120 多名注册会计师受到了行政处罚,100 多家事务所和 600 多名注册会计师受到了限期整改、通报批评、强制培训等处理。本土证券所本是中国注册会计师的中坚力量,但是内资大所中天勤在银广夏案中的审计失败,再一次使得中国本土注册会计师的执业质量和执业道德水平遭受空前的怀疑。几乎所有的股民、监管机构、法院以及其他政府部门都把矛头对准本土所和本土所的注册会计师,质疑声铺天盖地,在很短的时间内有几十名注册会计师因为相似的案件而被羁押或逮捕。

俗话说得好:福无双至,祸不单行!

2001 年 12 月 30 日,证监会下发了《公开发行证券的公司信息披露编报规则第 16 号——A 股公司实行补充审计的暂行规定》(以下简称 A 股补充审计),也就是后来争议颇多的"双重审计"。它规定对于 IPO 及上市后在证券市场再筹资时,相关公司需要聘请经过证监会和财政部特别许可的国际会计师事务所(暗指"五大"),对该公司经过本土所审定后的财务报告按照国际会计准则或其他国际通行的准则进行再审计。

一石激起千层浪。

2002 年 1 月 16 日,注册会计师马贤明和尹成彦发表长文《十问 A 股补充审计》,对这个 A 股补充审计逐条进行了批驳。其他学者和部门对此也纷纷提出了自己的质疑,而证监会对这些反对的声音在长达两个月的时间里报以沉默。

2002年2月28日,证监会发布《关于2002年A股公司进行补充审计试点有关问题的通知》,对A股补充审计的内容进行了修正:

第一,限定A股补充审计的适用范围,将IPO和再融资的上市公司限定为"一次发行量超过3亿(含3亿)股的公司"和"国家有关部门或中国证监会另有要求的公司",这一规定大大缩小了补充审计的适用范围。

第二,将具有A股补充审计资格修改为具有证券期货资格的所有会计师事务所;审计依据也不提国际会计准则和国际审计准则了,改用国内会计准则。(关于审计准则用什么没有明说,但是可以推定是国内审计准则。)

证监会作出这项"修正"的一个主要原因是,这两个月以来随着美国安然事件的影响不断扩大,安达信等国际会计师事务所一个接一个地被拉下神坛,已经和本土所一样声名堪忧,让"五大"等国际大所为本土所把关的前提已经不存在了。

这只不过是安然事件在世界范围内产生的一个小小的影响而已。

下面我给大家简要介绍一下这个对全世界审计行业和会计行业,乃至全世界金融业、证券市场、国际资本格局和地缘政治格局等产生深远影响的安然事件。

我们就从安达信说起,说说它作为"五大"之一所拥有的将近百年的璀璨历史,以及它深陷安然事件的始末。

安达信的创始人叫亚瑟·安达信,美国人,是一位挪威籍移民的后裔。他23岁就成了注册会计师。28岁时,也就是1913年,安达信和克拉伦斯·德莱尼在芝加哥成立了安达信公司。安达信的专业素养和战略眼光非同寻常。1914年,也就是在安达信公司成立1年左右,一个铁路公司客户以高价为诱饵向安达信提出了出具虚假审计报告的要求,这一要求被当时急需现金流支持的安达信断然回绝。那个客户几个月后就破产了。这个事情使安达信赢得了良好口碑,其后安达信开始一步步地扩展自己的业务。即使是经过经济大萧条和"二战"的洗礼,甚至是安达信本人1947年的去世，也没能终止安达信扩张的脚步。20世纪50年代末，这家公司就在当时的八大事务所中排名第二。在2001年10月安然事件爆发前，虽然安达信不时受到法院和监管部门的处罚，但总体而言，安达信被大多数人认为是全球会计行业的典范。在倒闭前的2001年，它在全世界的84个国家拥有超过360家分公司、4 700名合伙人、85 000多名员工，光是美国的上市公司客户就达到2 300多家。至于在中国，安达信更是财政部和证监会的座上宾，交易所、券商、股民、上市公司、高等院校连同很多政府部门、媒体等，对安达信都颇为认可。

但是，2001年爆发的安然事件彻底葬送了这家已然存在89年的公司的前途。2001年11月8日，安然公司承认虚构盈余6亿美元，同日，作为安然公司外部审计师的安达信收到了美国证券管理委员会的传票。2001年12月2日，安然请求破产保护，世界为之轰动。2002年6月15日，美国休斯敦法院陪审团一致认定安达信"妨碍司法"的罪名成立，安达信美国分部宣布从2002年8月31日起退出美国全部审计业务。2002年10月16日，美国休斯敦法院判决安达信妨碍司法公正罪名成立，安达信被判罚款50万美元，且5年内禁止从事业务。这是美国法院在美国历史上第一次判决一个大型会计师事务所"有罪"。不过早在这次判决之前，安达信的全球分支机构就已经是"树倒猢狲散"了。由此，"五大"很快变成了"四大"，并延续至今。

某些时刻，人性经不起考验，尤其是钱的考验！很多人把"五大""神化"，认为"五大"绝不可能出错，更不可能主动造假。当我们不能实事求是地评价一个事物时，我们迟早会为此付出相应的代价。

安然事件以及作为"五大"之一的安达信倒闭，损失的巨大和影响的深远非语言所能形容。全球资本市场一片哀嚎，光美国股市的跌幅就按万亿美元计算。

这些不过是"开胃菜"。在2001年11月初，安然承认会计造假后，安达信和其他"五大"成员的丑事不断地被揪出来，刊登在国内各种媒体的头条上。比如1997年发生的美国废品管理公司舞弊案，这个案件如果发生在中国国内,基本上安达信早就得和银广夏案件里的中天勤、长城机电案里的中诚一样凉透了,根本就等不到后来的安然舞弊案和世通公司舞弊案等丑闻的发生。安达信从来不是清白的,其他四大会计师事务所也跟安达信差不多。到了2002年1月,也就是A股补充审计发文后不久,更严重的事情发生了:安达信承认自己销毁了有关安然的相关审计资料。这个事情实在是太严重了:注册会计师和会计师事务所销毁审计证据,这在审计史上闻所未闻,还是身为"五大"之一的安达信干出来的。这如果不是安达信自己承认,谁能信啊?这还不算完,2002年全年,美国接连爆发了世通公司、环球通讯公司等8个大型公司的财务舞弊案。2003年,安永因为南方保健公司财务舞弊丑闻而沦陷,其实几年前它就因为山登公司和美国时代在线华纳公司舞弊案翻过车。根据有关媒体报道,美国接近1/3的大公司存在盈余不实的情况,那段时间数百家上市公司的财务报表需要重编,股市跌得很惨。这还得了?连续几个大案发生后,美国大型上市公司及注册会计师声名狼藉。2002年7月25日,美国国会通过《公众公司会计改革和投资者保护2002年度法案》,7月30日,总统布什签署了这个法案。这就是日后大名鼎鼎的《萨班斯-奥克斯利法案》。这个法案的核心内容之一,就是加大对上市公司会计和内部控制的监管,其中最重要的两条就是:增加对独立性的要求,并且要求会计师事务所这样的外部审计机构对公司的内部控制作出评价。随后,全世界的会计准则和审计准则纷纷跟风修订。

安然事件牵连出的会计丑闻和审计丑闻,通过电视、广播、报纸乃至互联网等媒体在全世界广泛传播,在很大程度上削弱了人们对美国金融统治地位的信心。"五大"在中国等发展中国家的声望受到了严重削弱,毕竟会计行业是容不得诚信污点存在的。这次"五大"的丑闻来得很是时候,它提示我们,在制定政策法规时依据的一些假设和出发点可能是不符合客观事实的,有必要重新审视这些假设和出发点,进而调整我们的政策法规。

别的行业不谈,就注册会计师这一行业来说,我们对待本土会计师事务所和会计师可能过于苛刻。对大型商业银行等金融类公司的上市业务及大型跨国公司的年报审计业务等,一般隐性规定甚至公开规定必须由"四大"来做。

短时间内中国注册会计师要赶上世界先进水平是很难的,这是事实。况且,即使我们在未来达到甚至超过了"四大"的水准,也很难避免审计失败的发生。我们只能稳步前进,即使这样做会显得有些笨且有些慢,但最稳妥。

第二十四章　家国情怀

我的祖先早已把我的一切，
烙上中国印。

——《我的中国心》

2005年7月28日,一条爆炸性新闻在会计行业引起了轰动:信永中和会计师事务所在人民大会堂举办新闻发布会,宣布吸收合并香港何锡麟会计师行(香港地区的会计师事务所也称为会计师行);合并后,香港何锡麟会计师行将更名为信永中和(香港)会计师事务所。

一石激起千层浪。

业内人士全部震惊了:这种合并没有先例,所以他们完全没想到。兼并中国香港的会计师事务所,而且是一家拥有联交所上市公司、H股、B股客户的香港会计师事务所,还要换成信永中和的名称,简直是闻所未闻!业内人士只听说过"四大"和内地(大陆)以外的会计师事务所不断地收购吞并本土所,还真没听说过本土所收购内地(大陆)以外的会计师事务所[1]。

莫说这些业内人士如此反应,连财政部、中注协等的主管领导在第一次听说这个事情的时候也是极度吃惊,因为张克是在此次合并涉及的主要法律手续办理完成后(离正式宣布没有几天了),才将这件事情上报给他们。当然,这不是最主要的,最主要的是吸收合并何锡麟会计师行的意义太大了,信永中和因此直接拥有了审计中国香港H股上市公司的资格(这个说法其实不大精确)。用大家熟悉的一个词比喻,那就是本土所在国际资本市场上实现了"借壳上市",可谓"鲤鱼跃龙门"!在此之前,H股上市公司要出两份审计报告:一份是由本土所出具、国内的监管机构认可的报告;一份是"四大"(2002年前是"五大")和其他具有此类资格的会计师事务所出具、中国香港联交所和中国香港证监会认可的报告。通俗地说,就是中国香港根本不买内地的本土会计师事务所的账,内地与香港地区在实行双重审计。更专业的表达是,没有一家本土的会计师事务所可以出具香港地区这样的资本市场及中国香港联交所和中国香港证监会这样的监管机构认可的审计报告,我们没有这个"资格"。现在这一"防线"被张克的"迂回战术"一举突破了,并且没有借助任何政府部门的力量,怎能不令所有人感到极度意外?

必须支持!

必须无条件地支持!

于是,在这个新闻发布会上,财政部、国有资产监督管理委员会(以下简称国资委)、证监会、中注协等各个相关部门的领导全部到场,中注协秘书长还发表了致辞,说这次合并是"内地会计师事务所国际化发展的一次实质性的跨越"。嗅觉敏锐的《中国证券报》、会计网、人民网等媒体的记者们,怎么可能放过这么好的一个题材,于是追踪报道一篇接着一篇,这次合并事件由此被《中国财经报》评为"2005年中国财会十大新闻"。更有专家直言:这一事件必将载入中国会计师事务所的发展史册。

当然,如此重大的事件也不乏质疑的声音,主要是担心合并后信永中和(香港)的前景。相较于内地会计师事务所而言,香港会计师事务所的声誉和质量控制都是非常不错的,多年来几乎没有出过什么大的欺诈丑闻。但两家事务所内部管理与企业文化等方面的融合也是一大难题,而这些都不是一朝一夕就可以解决的事情。网上甚至为此展开了激烈的争论。

事实证明,质疑是有道理的。两家事务所的融合的确不是一番风顺的,确切地说在合作前就已经进行了一番充分沟通与博弈。历史已经铭记那三个熠熠生辉的名字:

王小娟、何锡麟、张克。

让我们看一下这三位注册会计师是如何完成这次里程碑式的合并的。

2004年12月中旬,中国国际航空公司在中国香港上市,作为独立董事的张克参加了在香港太古广场举行的上市仪式。中午用餐的时候,他在中环的一家餐厅偶遇了4位正在闲聊的同行,其中两位是内地的注册会计师,另外两位同行中一位是香港会计师公会的工作人员,另一位就是何锡麟会计师行的市场总监王小娟。张克于2004年11月3日刚刚当选为中注协的副会长,加上他自己就是业内的风云人物,所以两位内地同行一眼就认出他了,这样的机会哪容错过?于是他们马上拉张克坐下闲聊。

5位注册会计师在一起能干什么,当然是聊行业内的事情了。这个时候行业内最热门的事情就是德勤吸收合并天健所,所以这个合并事件自然成了大家聊天的中心话题。

就在 1 个月前,德勤在海南三亚办了一场叫作"首届中国注册会计师峰会"的会议,把当时国内有证券审计资格的 76 家事务所的领导们都请去了,外加证监会、中注协、大企业、大银行的各级领导,会议共有 150 多人参加,声势浩大。德勤在会议召开前就做足了宣传,美其名曰要"助力中国注册会计师行业的国际化进程",实际上就是要开价收购本土所。当时德勤宣布,他们已经准备了 1.5 亿美元(折合 10 亿多元人民币)的"彩礼"。今天看来,这 10 亿多元人民币一点也不算多,不过当时本土所排名第一的立信 2003 年的收入也不过刚刚达到 1 亿元人民币。而且,德勤不是瞎吆喝,它在此之前已经和十几家本土所谈过了,当时国内规模最大的天健集团的 6 个成员所中,北京天健和深圳天健已经明确表态要"卖身",圈里人都已经得到消息。这不是什么研究国际化的峰会,这根本就是一场收购国内顶尖事务所的"誓师大会"!这个峰会让每一位有爱国情怀的中国注册会计师都郁闷不已。

对于何锡麟会计师行的创始人何锡麟而言,德勤的这一举动不仅令他郁闷不已,对他更是一个巨大的打击。

何锡麟生于广东顺德。他幼年丧父,家境贫寒。20 世纪 50 年代,他随母亲在香港打工,艰难求生。刚开始的时候,母亲做保姆每月只有 15 元微薄的收入,少年何锡麟只能打工贴补家用。他因为在工厂长期做雕象牙的工作,双手用力有大有小,落下了一只手大一只手小的职业病。这样的家境注定让他无法接受正规教育,于是他靠上夜校和勤工俭学完成了中学教育,然后通过会计师考试并到英国求学,取得硕士学位。1978 年(也有资料说是 1979 年),他创立了以自己名字命名的会计师行。经过 20 多年的打拼之后,何锡麟会计师行在香港 1 000 多家事务所中排名第 13,拥有 5 家联交所主板上市公司、3 家 H 股公司和 12 家 B 股公司客户[2]。在我所知道的众多知名注册会计师中,何锡麟家境之清贫、求学与创业过程之艰辛是极其罕见的,只有杨剑涛、胡少先等寥寥数人或许可以与之相比。财富的增长并没有冲淡何锡麟对祖国那深沉的眷恋和热爱,他主动与天健集团联系沟通加盟事宜。2004 年 7 月,何锡麟会计师行获得天健集团审议通过,正式成为天健集团的香港成员所。这种回家的感觉让何先生兴奋不已,却想不到还没过上1个月,他就被告知天健集团核心成员北京天健和深圳天健决定将自己"卖身"给德勤,天健集团已经不可能继续存在,这使他不得不重新考虑自己事务所的出路。

德勤收购天健给中国注册会计师造成的重压太大了,张克和何先生一样,都不能不正视它。

这是这次餐厅闲聊的大致背景。

由于张克是中国注册会计师行业著名的领军人物,大家都想听听他对此事的看法。这对于张克来说,同样是一个郁闷的话题,因为张克曾经是德勤最早的谈判对象,但他也是最早、最干脆拒绝德勤的人。德勤如此嚣张,张克非常气愤又无奈。内地的大客户,尤其是B股和在中国香港、美国等上市的公司,其境外业务全部被"四大"垄断,这就意味着只要公司到境外上市,很可能就会令本土所失去一个大客户(为了节约成本,很多境外上市客户会让"四大"同时进行国内审计),而一个大客户就可能给事务所带来几百万、几千万甚至上亿元的审计费收入,这个数字已经超过了绝大多数中国顶级事务所的全年总收入。损失一个或几个大客户,有时候真会要了一个事务所的命。天健的两家事务所加入德勤,也有这种说不出的隐情,再说,德勤开的价码也不低,在德勤里将来也会有不错的发展,这还有什么不满意的?难道真要等自己的大客户被人家抢去,两手空空了再跟人家谈条件?

即使是豪气冲天的张克也无可奈何,他确实想不出太好的应对之策。现在内地的事务所出具的报告在中国香港、美国、欧洲等资本市场根本不被承认,而要走出去,没有国际资本市场的认可是行不通的。中国的本土所要打开一道口子,其难度可想而知。

王小娟很能理解张克的苦闷。她本来就是内地人,而且也通过了中国注册会计师的资格考试,多年在香港地区工作生活的经历反而加深了她心中对祖国的赤诚。她是何锡麟的妻子、事务所的市场总监和实际负责人(此时的何锡麟身体不太好);何锡麟会计师行加入天健,她是最大的推动者。本来是想找到一家国内大所作为"靠山和归宿"的,现在可好,天健马上就要散伙,今后的出路在哪里?其实何止是天健,国内大所大华在2001年就已经并入安永,现在天健也要"卖身",将来又要有多少国内大所委身于"四大",真是不敢想!

这一次午间闲聊,王小娟和张克发现彼此有太多的共同语言。当晚,王小娟约张克深谈。她仔细地向张克介绍了香港会计行业的发展状况,坦诚地说明了何锡麟会计师行的愿景和面临的困境。本来当时在香港地区就是洋会计师一统天下,90%以上的上市公司审计业务被"四大"把持,剩下的10%要由1 000多家事务所来拼抢,日子非常艰难。何锡麟作为一家拥有80余人的中等规模的本地会计师行前景很有限,王小娟和其丈夫非常想找一个有着坚定的"民族理想"的"中国大所"来谋求共同发展,天健所现在已经指望不上了,其他大所暂时也没有找到合适的。这次交流与沟通热烈而深入。最后,张克在王小娟送他离开时留下了一句话:将来我们合作。

后来的事情就自然而然发生了。几次合作和深入交流沟通后,合并的事宜被逐步敲定。当然并非一帆风顺,比如如何解决事务所的管理模式一体化问题。何锡麟会计师行的管理模式是比照德勤设置的,该模式来自原来从德勤转入的两个合伙人。合作谈判时两个合伙人并不认同将事务所的管理模式改成与信永中和一致,但是他们在对信永中和实地考察后,很快改变了自己的看法,信永中和在管理上很有自己的特色,整体并不输"四大"。

比管理模式一体化更难的是改名。

改名,就是把何锡麟会计师行的名字换掉,改成信永中和。

为了表达自己的诚意,张克和叶韶勋一起来到香港地区,正式拜访何锡麟先生。不这样做不行,创一块牌子太难了,任何优秀的创业者都会把企业的牌子当成自己的生命。何先生对"何锡麟"这块牌子倾注了一生的心血,同样作为创始人的张克深知改名对何锡麟先生而言意味着什么,况且何锡麟会计师行在2004年7月加入天健集团时也并没有改名。张克甚至已经做好了最困难的打算,要是何先生不同意,就是磨也要把这件事办下来。只有改名才意味着两家事务所真正合并,才能成为本土所真正走向世界市场的标志。信永中和要做中国事务所的老大,必须要有这个气魄,连个名称都改不了,其他的就不用谈了。

何先生听完张克关于信永中和事务所发展蓝图和请求改名的一番表白,当场说了一句话:

"只要你做中国事务所的老大,我愿意放弃'何锡麟'的品牌。"

一语定乾坤。

张克和叶韶勋深受感动。

"好,何先生,我们可以给您三年的过渡期改名称。"

王小娟发话了:"长痛不如短痛,一次到位。"

连过渡期都不要了,那还多说什么?

"那就一步到位!"[3]

根据2008年年末《中国会计报》的相关报道,信永中和香港所在香港地区的排名已经升至第8位,H股审计客户数量排名上升至第5位,合并后不过3年多,员工数已经从80人上升至200人,业务收入从1 900万元增加到8 000万元,大大拉近了其与香港"四大"的距离。截至2012年7月末,信永中和香港所H股客户数量达到14家,是合并前的近5倍,而早在这个时间之前,其香港上市公司的客户数量就已经达到了56家,是合并前的11倍。

榜样的力量是无穷的:天职、利安达、立信等内地大所纷纷在香港地区设立分所或者合并香港地区的会计师事务所,开启了自己的国际化进程。信永中和的这次突围给了本土所直面"四大"的信心,毕竟最好的防守就是进攻——中国注册会计师终于吹响了绝地反击的号角。

[1] 按照常理,香港1997年就回归祖国了,香港会计师事务所应该是本土所。但是香港会计师事务所归属香港会计师公会管理,算作境外所,内地对香港资本市场和监管机构也用这种方式看待(在各年会计年鉴中单独列示香港会计师公会工作)。比如,在中注协统计事务所信息时,本土所在香港地区的成员所和分所均被视为境外分支机构。

[2] 引自《信永中和吸收合并香港何锡麟会计师行》(中国经营报,2005年8月)。这12家B股公司客户分别是:深圳赛格、深圳纺织、深圳市特力、深圳华发电子、丽珠医药、深圳北方建设摩托车、深圳一致药业、方大集团、瓦房店轴承、湖北沙隆达、锦州港、本钢板材。

[3] 关于张克和王小娟、何锡麟讨论合并时的具体谈话细节,及何锡麟先生的生平,本书较多地参考了丁平准的《风雨兼程——中国注册会计师之路(人物卷)》(经济科学出版社2010年版)。

第二十五章　筚路蓝缕

一万年太久，只争朝夕

——毛泽东《满江红·和郭沫若同志》

这本书写到现在,我很少描述两样东西:中小型事务所和这个行业普通员工的工作生活。

中小型事务所的命运一言难尽,不过有一点基本上是所有中小型事务所都高度相似的,那就是和大型事务所相比,中小所的生存环境十分艰难,越小越难,极少有特例。

截至 2005 年年底,全国的会计师事务所有 5 000 多家。这么多的会计师事务所,绝大多数都是中小所,僧多粥少的局面造成了中小所之间惨烈的恶性竞争。对外而言,这些中小所拿不到也无力承接高端业务和大型业务,要生存就要想方设法寻找并保持客户,取得收入;对内而言,这些事务所的领导们往往都是 20 世纪末改制前挂靠单位一手任命的,事务所的内部人事关系在改制过程中搞得很复杂,真正能干活的注册会计师没几个。这些中小所本身抗风险能力极低,更难以留住真正的人才(薪酬低加上没前途)。

在这个方面可以看一个例子。2005 年,在东北某个事务所里有很多小公司来办工商年检,只要拿来报表和账本,所里三两天就给出报告,根本就不去现场。为啥不去现场?总共就两三百块钱的审计费,去什么现场?脱钩改制后,审计收费标准过低就是一个死结,情况比改制前更加严峻。改制前至少有挂靠单位压着,有财政物价部门规定的计价规章可以比照执行(虽然很低)。脱钩改制后实际的收费标准一降再降,低价中标模式的泛滥加上事务所之间的过度竞争,造成大家必须想尽办法节约审计成本,减少审计程序,降低审计人员的薪酬。在审计程序方面,一般的审计业务编制一下明细表、抽几个凭证就差不多了,盘点和函证等必不可少的审计程序有时都不能保证全部执行到位。比如在薪酬方面,一般新入职的员工月薪是 500 元,有经验的员工月薪是 800~1 000 元,普通注册会计师和中层管理人员等的月薪也就是 2 000~3 000 元,业务骨干应该高一些,不过我记得很难超过 5 000 元。这些都是我的个人记忆,可能不大准确,那个时候东北的经济形势也不大好。当时我的故乡——东北某地级市一共有十几家会计师事务所(市区),有好几家没有业务,只剩下一个空壳苟延残喘,因为这个壳子能卖几十万元所以才没关门(事务所比较难批)。不过那时北京等一线城市事务所的员工薪酬水平要高很多,中小所新入职的审计助理月薪大约能达到2 000元,大所中的项目经理和经理收入就更高一些,只是房租很贵。同时,一线城市事务所的员工比我故乡事务所的员工也明显要忙很多。

中国社会还有一个对注册会计师行业影响深远,同时对中小所很不友好的情况:很多客户都要求事务所具备一定数量的注册会计师(有时还加上从业人员),对注册资本、业务收入、从业经验(以往业绩)等方面也经常有指标要求。财政部和证监会、国资委、交易所等相关部门频频设立各种门槛,若是不达标,事务所就拿不到上市公司、金融机构或大中型国企的审计资格。这可要了命,不上规模的事务所是没有前途的,这是每一个从业人员的共识。

怎么办?

那就一路狂奔吧。

自己关起门来慢慢积累肯定是不行的,太慢了。作为见效最快的一种狂奔方式,从2001年起,会计师事务所的合并大潮就没有停歇过。

2000年3月,财政部发布《会计师事务所扩大规模若干问题的指导意见》和《会计师事务所合并审批管理暂行办法》,为会计师事务所的合并定下了调子,这属于"指导"。同年6月,财政部和证监会又发布了《注册会计师执行证券、期货相关业务许可证管理规定》,它规定事务所想取得证券、期货相关业务执业资格,注册会计师要达到60名,其中具有证券资格的注册会计师要达到20人以上,此外,还规定收入要达到800万元(上年),等等。后来该标准不断修订,不断加码,这算是"指令"。如此"指导"和"指令"导致会计师事务所出现了合并的小高潮。截至2001年3月末,经过审批参与合并的事务所就达到了411家(合并后152家),其中,最有名的就是中天勤。不过因为银广夏审计失败,中天勤出师未捷就"呜呼哀哉"了。财政部等政府部门的苦心我们可以理解,没有规模化就不可能实现会计行业的工业化,就不可能保证审计质量,靠只有几个人、十几个人的中小型事务所来实现会计行业的工业化就是痴人说梦。资料显示,2000年年末,全国拥有60名以上注册会计师、收入1 500万元以上的事务所,加起来只有86家。情急之下,有些地方出台了更严厉的规定,比如北京注册会计师协会直接规定,大型所必须有注册会计师60人,中小所要有20人,不达标不予年检。

有意思的是,合并大潮中出手最阔绰的是安永,算是给其他的"五大"成员开了一个好头。(按理说安达信也很大方,但是它很快就因为安然事件倒下了。)2001年2月8日,安永宣布与大华会计师事务所合并,成立安永大华会计师事务所。大华当时是上市公司客户最多的本土所。这是一次不成功的"婚姻","结婚"后除了极个别年份,大华的业绩一年不如一年,8年之后双方"感情"彻底破裂,最终分道扬镳。这不是第一个例子,也不会是最后一个。2001年更应被我们记住的是10月份在北京成立的中瑞华恒信会计师事务所,它由中瑞华和中恒信两大会计师事务所合并成立,员工超过400人,收入超过8 000万元。

2005年,信永中和收购了香港地区的何锡麟会计师行,算是打响了本土所反击"四大""围攻"的第一枪,这个我们说过了,不再展开。其后,许多内资大所都到香港地区"攻城略地",或者开办分所,不过再没有比信永中和更成功的并购案例了。

2006年9月28日,中注协发布了《关于推动会计师事务所做大做强的意见(征求意见稿)》,计划用5年至10年的时间,发展培育100家左右具有一定规模、能够为大型企业和企业集团提供综合服务的事务所;在此基础上,发展培育10家左右能够服务于中国企业"走出去"战略、提供跨国经营综合服务的国际化事务所(这个目标事后证明太超前)。

10天之后,信永中和成功合并了中兴宇,后者已成立20多年,拥有辽宁和黑龙江两个分所。中兴宇在2005年中注协全国百强所排名中位列第61(按照2004年收入数据计算),也是具有证券、期货相关业务资格及金融机构审计资格的国内大所。中兴宇的合伙人之一李晓英进入信永中和后,成为信永中和的三个执行事务合伙人之一,他和叶韶勋一样,成了张克的左膀右臂。

又过了20天,也就是2006年10月28日,上海立信长江会计师事务所(以下简称上海立信长江)、北京中天华正会计师事务所(以下简称北京中天华正)、广东羊城会计师事务所(以下简称广东羊城)宣布合并,成立立信会计师事务所管理有限公司。其中,上海立信长江2002年至2005年连续四年在全国业务收入排名中位列第五,是仅次于"四大"的国内第一大所。北京中天华正和广东羊城也是百强所。三强联合,彰显了三家事务所再创立信这一中国最有影响力的会计师事务所品牌的雄心。2007年百强榜公布,新成立的立信排名第五位。

在合并大潮之下,立信这个第五名的成绩仅仅保持了一年。2008年1月16日,由中瑞华恒信会计师事务所、岳华会计师事务所合并而成的中瑞岳华会计师事务所(以下简称中瑞岳华)在北京宣告成立,并加入罗申美(RSM)国际,后者一直是仅次于"四大"的国际大型会计公司之一。按照百强所排名使用上一年数据,并可追溯到上一年的规则,新成立的中瑞岳华在2008年百强所里位列第五名(依据2007年数据)。中瑞岳华的注册会计师数量是1 000人,只比第一名普华永道和第二名安永的总和1 024少了24人,这说明本土所在注册会计师人数方面已经碾压"四大"。

那几年除了疯狂的合并,还有两件事情我们要提及:第一个是国资委成立;第二个是中国颁布了新的会计准则和审计准则。

我们先说国资委的成立。2003年3月,国有资产监督管理委员会成立,简称国资委,196家超大型国企被划到其名下直接管辖。同年,各省市也纷纷开始成立地方国资委,接受其上级国资委和地方政府的双重领导。国资委的成立,代表着国有企业多头管理的局面被终结,国有资产的管理模式实现了"大一统"。国资委成立的历史意义很可能远远胜过1994年的分税制改革,老百姓对此了解不多,这也不是本书的讨论范围。国资委的成立对会计行业同样意义重大,会计师事务所和评估事务所等社会中介机构获得了国资委的高度重视,国有企业的年度财务报表和各类产权交易行为必须经过会计师审计和评估师评估开始成为铁一般的纪律。

我们再说说新会计准则和审计准则。2006年2月15日,财政部在人民大会堂举行了会计审计准则体系发布会,财政部部长发布了39项企业会计准则和48项注册会计师审计准则,两个准则均在2007年1月1日开始实施。会计准则是做账和编制财务报告的标准和依据,而审计准则是查账和出具审计报告的标准和依据。这两套准则的编制,标志着中国的会计和审计已经全面走向规范化、体系化,表明我国的会计行业水平已经开始向国际先进水平看齐。同时,这是两部跟国际准则接轨的准则,用专业的术语叫作趋同。趋同的意思是从此我们的准则已经与国际准则整体上没有根本性的差异,并向着越来越一致的趋势发展。

需要说明的是,国际会计准则统指国际会计准则理事会(IASB)编制和颁布的"编制财务报表的框架"和《国际会计准则》,分别对应国内的基本会计准则和具体会计准则。同时,该准则是指导性的,是否遵循及遵循程度由所在国家和地区自主选择,因此世界上并不存在一部绝大部分国家都认可的通用的会计准则。因此,国际会计准则并不是一个世界准则。至于审计准则,其情形和会计准则非常类似。这个我们前面在谈论"双重审计"时提到过。美国对国际会计准则和审计准则向来不感兴趣,但中国竭力推进中国会计准则和审计准则的"国际化",这一方面是因为我们要融入国际的贸易圈和金融市场,财务和审计制度需要获得贸易伙伴的广泛认可;另一方面是因为我们是"全球化"的受益者,中国巨大的经济体量和经济制度需要"全球化"的招牌来为自己铺路,会计、审计的国际趋同是推进全球化不可或缺的一个重要方面,我们必须在这方面表现得积极一些。至于美国,人家可以自己搞一套"与众不同"的东西,那是因为它已经有了"任性"的资本。由于实力尚无法企及,我们要学会忍耐,这是一种稀缺的智慧与能力,没有这种自制能力的个人和民族是不会有远大前途的。

第二十六章　长路漫漫

　　凡事想要做成的话，总是要在理想和现实之间作出可能的选择。

　　触动利益比触动灵魂还要难，但为了国家和人民利益，我们义无反顾。

——李克强

2009年7月26日，公证天业（美国）会计师事务所在美国新泽西州成立，它是江苏公证天业会计师事务所有限公司在美国的分所。江苏公证天业具有证券、期货审计资格，是在全国排名第22位（2009年）的一个大所。它在美国上市公司会计监督委员会（PCAOB）注册，可以为美国上市公司提供审计及相关业务服务。中国注册会计师第一次把会计师事务所开在了美国的土地上，这具有里程碑意义。

但这个消息并未掀起太大的波澜，可能是有意低调处理，毕竟这只是一个小小的分所，其象征意义远远大于实质影响。不过当时在南京紫金山的庆典上，出席和讲话的人都非同寻常，让我们看看《新华日报》的报道：财政部会计司刘光忠副司长、证监会会计部郭旭东处长、中国注册会计师协会齐振梅主任、省财政厅江建平副厅长、证监会江苏监管局严伯进副局长、财政部江苏专员办李元成副专员、无锡市委赵旻副书记、南京市政府翁国玫副秘书长出席并致辞，审计署南京特派办、省国资委、省审计厅、省国税局、省地税局、省科技厅、人民银行南京分行、省注协等以及南京市、无锡市、苏州市、常州市有关部门领导出席，出席庆典活动的还有公证天业会计师事务所的50多位客户代表。如此兴师动众，清楚地表明党和国家对审计行业非常重视，他们期待我们能够走出去，与强者同场竞技。

但是，要中国注册会计师主动到美国资本市场上与"四大"这样的对手竞争，目前还不大现实。远交近攻比较符合实际，中国注册会计师行业有希望先打入的，是中国香港地区的资本市场。信永中和等本地所已经开了个好头。

官方也没有闲着。2009年8月，经过几年的反复沟通协商，内地和香港之间正式签署了会计、审计互认协议。这份协议的官方名字是《关于内地与香港在对方上市的公司可选择以本地会计准则编制并由本地会计师事务所审计财务报表的建议架构》，它确立了H股企业可以选择按内地会计准则编制财务报表并由内地会计师事务所出具审计报告的工作目标，并规定了对会计师事务所推荐认可、后续监管等方面的基本原则。互认协议同时约定，将来香港企业在内地上市，同样可以选择以香港地区的财务报告准则或国际财务报告准则来编制财务报表并聘用符合条件的香港会计师事务所实施审计。

对于这块涉及150家H股企业、占香港58%市值的大蛋糕,哪个证券所[业内一般将具有审计上市公司、期货公司、发行证券业务(股票、债券、IPO)等资格的会计师事务所称为证券所]能不心动?

2009年11月末,16家符合互认协议实施方案规定资格的证券所提出了申请。它们是安永华明、毕马威华振、德勤华永、普华永道中天、国富浩华、京都天华、立信、天健、信永中和、中瑞岳华、大信、立信大华、天健正信、天职国际、中审亚太、利安达。

前4家事务所是本土"四大",它们获得名额没有任何悬念,另外12家本土事务所谁也不敢保证自己一定能够入围,所以这些事务所的掌门人内心或多或少都有些忐忑,要是选上了还好,要是被淘汰,那就不好向大伙交代了。

只有一个叫作黄锦辉的掌门人是个例外,他相信自己执掌下的利安达能够拿到入场券。

黄锦辉有这个底气,是因为他执掌下的利安达会计师事务所正在高歌猛进,形势一片大好。

从1994年1月进入这个行业开始,黄锦辉已经奋斗了15个年头。在此之前,他在原外经贸部(后来的商务部)的对外援助司工作,这份与世界各国打交道的职业给了他全球化的视野。后来他偶然间进入商务部下属的会计师事务所工作,从一名员工到经理助理、经理、事务所副主任,一步一个脚印走了过来。1999年事务所脱钩改制,黄锦辉意外成为事务所的一把手。这是一次公开的选举,不过竟然没有人愿意当选,原因是事务所要归还商务部400万元的出资款,这些钱足够在当时北京三环以内买6套100平方米的新房[1]。被"赶鸭子上架"的黄锦辉不负众望,很快就还清了这笔巨债。超强的能力让这个年轻人很快获得了大家的尊敬和认同。

1999年,在脱钩改制的当年,黄锦辉组建了由4家事务所、1家评估公司、1家会计咨询公司、1家信息咨询公司组成的国内会计网络。2000年，利安达合并了两家具有证券资格的事务所；2002年5月，利安达加入了当时仅次于"四大"的国际会计公司德豪（BDO）国际；2007年，利安达从德豪退出，再次独立打拼天下；2009年，利安达终于开始大爆发：4月29日，利安达刘欧阳国际有限公司、利安达刘欧阳（香港）会计师事务所有限公司成立，同日，利安达发起设立利安达会计师事务所管理有限公司，宣布建立利安达国际会计网络，中国人有了第一个属于自己的国际会计公司。5月，中注协的全国百强所排行榜公布，利安达位列第11名（含"四大"）。9月下旬，以利安达作为审计师的中国冶金科工股份分别在上海及香港两地成功上市，成为2009年全球第二大IPO交易；2010年9月15日，利安达同时在日本、马来西亚、中国澳门、柬埔寨和新加坡设立分所，在本土所中境外机构数量位列第一。

所有一切似乎都预示着，只要再向前走最后一步，利安达就将马到成功。

这个最后一步就是"特殊普通合伙"改革，也就是把大中型事务所转制为特殊普通合伙组织形式。它的背景是：2010年7月，财政部、原国家工商行政管理总局联合发布了《关于推动大中型会计师事务所采用特殊普通合伙组织形式的暂行规定》，该规定要求大型会计师事务所（本土所排名前10）必须转制为特殊普通合伙组织形式，同时鼓励中型事务所（排名前200的本土所）在2011年完成这类改制。利安达在2010年中注协公布的会计师事务所百强榜上位列第11名（含"四大"是第15名），在中型会计师事务所中位列全国第一。但是黄锦辉深知，中型所的第一名，保证不了H股审计的入场资格，改制是必须且马上要走的一步。

关于这个特殊普通合伙，它的意思是：当某个合伙人因为故意或重大过失而导致合伙企业负债时，假设作为合伙人的我没有参与这个业务，或者虽然参与这个业务，但是没有故意犯错或者因为重大过失推定为故意犯错，那么，我就不必为这个业务产生债务承担无限责任，我的责任仅仅限于赔偿完自己的出资为止[2]。这个规定与普通合伙人对合伙企业所有债务

(不论任何原因)都要承担无限责任的规定有很大差异。

中注协、财政部借鉴国际经验,利用 H 股资格推荐这个契机,要求普遍采用有限责任公司组织形式来逃避风险的本土证券所进行改制。两年后,财政部、证监会《关于调整证券资格会计师事务所申请条件的通知》等文件颁布,要求所有证券所都要采用特殊普通合伙或普通合伙作为组织形式。由于特殊普通合伙比普通合伙的风险责任划分更合理,最终所有 40 家证券所都转制为特殊普通合伙事务所。这是后话。

对于利安达来说,这次转制是件好事。但是对于利安达的一部分合伙人来说,转制未必真的是好事,这属于分蛋糕规则的改变,这是要流血的。

而黄锦辉顾不上这些了,他关注的事情只有一个:加速,加速,完成转制。2010 年 10 月 16 日上午,利安达在北京饭店举行仪式,45 位首批合伙人在合伙协议和合伙人承诺书上签字,利安达成为继中瑞岳华之后第二个正式启动特殊普通合伙转制的本土所。在随后举行的合伙人会议上,大家举手表决,一致同意推举黄锦辉担任利安达会计师事务所首席合伙人兼主任会计师。这个时候,没有谁怀疑,利安达这艘本土事务所的大船,马上就要在中国香港这个国际资本市场的海洋中扬帆起航。

谁也没有想到,9 天之后,利安达和黄锦辉一起险些倾覆。

2010 年 10 月 25 日,利安达召开了董事会,部分元老联合将黄锦辉开除出了董事会,黄锦辉不再是利安达的董事长和法定代表人。改制宣告暂停,持续两年多的股东大战正式拉开序幕。这场大战的直接原因是新的合伙制度主要采用业绩指标来晋升和考核合伙人,这样的指标对于部分原有的合伙人尤其是一些元老十分不利,他们很可能因此失去自己的权力,甚至失去合伙人的地位。

这些合伙人与元老可不是任人宰割的沉默羔羊。

黄锦辉后来说他对此毫无思想准备,可见,黄锦辉这次栽得一点都不冤枉。他对元老派的利益与能量太过掉以轻心了。

黄锦辉与元老派开始了一年多的诉讼较量。

官司从北京市朝阳区人民法院打到北京市第二人民法院,从一审到二审，最终元老派败诉。2011年12月28日，法院判决黄锦辉重新执掌利安达。但是，元老派拒不交出公章和证照，他们召开了临时股东会，股东会上69%的股东表决同意与另一家具有H股审计资格的大所合并。元老派以管理合伙人的优厚待遇来游说黄锦辉同意这次合并，这个提议相当有诚意。但是对于黄锦辉来说，如果答应这个条件，利安达马上就会分崩离析，这是他绝不可能接受的结果。他带领其他合伙人对此坚决抵制。经过艰苦的协商与斗争，双方在国富浩华首席合伙人杨剑涛的斡旋下达成和解，最终有8位合伙人出走，他们和8家分所加入了国富浩华。伴随着2013年1月21日《股东和解协议》和1月22日《分立合并协议》的签署，利安达这场持续了27个月之久的股权之争终于尘埃落定。

当然，H股资格成了镜花水月。

更严重的是，在跨度长达3年的股权纠纷中，包括黄锦辉在内的众多合伙人忙着分家夺权，无心他事。在这种情况下，利安达的业务质量，尤其是参与分家争夺的合伙人的业务质量控制已经无人关心了。

业务质量才是一个大型事务所的生命线，利安达很快为自己的混乱付出了应有的代价。

2014年2月12日，根据中国证监会行政处罚决定书〔2014〕21号，利安达因为在天丰节能的IPO审计中（2010年至2012年为其审计期间）未能勤勉尽责，被没收业务收入60万元，并被处以120万元罚款。

2015年11月5日，根据中国证监会行政处罚决定书〔2015〕67号，利安达因为在华锐风电2011年度审计业务中未能勤勉尽责，被没收业务收入95万元，并被处以95万元罚款。

2016年2月5日，根据中国证监会行政处罚决定书〔2016〕20号，利安达因为在赛迪传媒2012年度审计业务中未能勤勉尽责，被没收业务收入35万元，并被处以35万元罚款。

这些业务中，被处分的签字注册会计师中有3位就是出走的合伙人。要说直接经济损失，真的没什么，对于一个大所来说，这点罚款还是支付得起的；但是脸丢不起，毕竟注册会计师是一个靠声誉吃饭的行当。这还不是最倒霉的,2016年3月11日,证监会放出大招,由于连续三年受到上述3个行政处罚,利安达被暂停承接新的证券业务(长达5个月),并被责令在2个月内完成整改。

整个注册会计师行业连同财经圈都震惊了。

还好利安达艰难地撑了过去,不过它2017年又被罚了不止一次。其中在2017年9月的一次处罚中,罚金高达900万元。

尽管多年来历经坎坷,利安达仍没有停下自己的国际化脚步。2011年至2015年,不论遇到多大的困难,利安达仍然坚持每年不停地在境外设立成员所,5年共计增加成员所14家。截至2015年年末,利安达境外分支机构达到了20个,在全国事务所中遥遥领先,比第二名信永中和多出14个;在国际会计公报IAB公布的国际会计网络排行榜中,2011年至2018年,利安达的排名一直在20名上下浮动,最差也是第24名。

矢志不渝,这是我敬佩黄锦辉的一个重要原因。

在2010年,还有两件事情值得我们特别写一下。一件事是中国的GDP达到6.1万亿美元(人民币41.2万亿元),超过日本的5.7万亿美元,排名世界第二。另一件事是工业增加值达到2.34万亿美元(人民币16.51万亿元),超过美国的2.21万亿美元,排名世界第一[3];同时工业中的制造业(统计口径为排除矿业、电力、天然气、水务之外的工业)产值为1.955万亿美元,超过美国的1.952万亿美元,同样居世界第一位。也是从这一年开始,中国的工业总量与制造业总量将美国越甩越远,几年后,美国彻底失去了在这两个指标上追赶中国的能力。

与我国辉煌的工业化成就相比,中国会计行业的收入规模和服务水准与外国同行还有很大的差距。2010年中国会计全行业收入为375亿元,这个收入按照当年年末美元兑人民币汇率6.62折算,刚刚达到57亿美元,还比不上德勤营业收入266亿美元的零头。在这一年中国会计师事务所的排行榜上,四大合作所依然牢牢占据着前4名;在国际会计网络排行榜上,前20名只有利安达一家本土所上榜,刚好排名第20位。

不过客观地说,中国注册会计师的发展规模和业务水准并不差。截至

2010年12月31日，全行业拥有执业注册会计师9.65万人，会计师事务所6 986家，从业人员近30万人。而此时中国有1 100万家中小企业、10余万家大中型企业[4]及其他各类经济组织。如此数量庞大的企业和经济组织的审计业务和多数财务咨询业务都由本土所完成。除了美国，没有任何一个国家的注册会计师数量和从业人数能与我们相比。要是单比较业务量，尤其是审计这类鉴证业务，美国大概也远远少于中国。我个人看到、听到的事实是，中国注册会计师在审计方面的单兵作战能力很少低于外国同行，甚至是远远超过。我们输给对手的最主要原因是对手的体系优势（主要是"四大"），人家百年的积累真的不是说说而已。当然，在会计服务与管理咨询等非审计服务方面，除了服务比较接地气，我们确实不如人家。

最后我要说的是，在天量的审计业务之下，中国注册会计师行业总收入连"四大"中的一家都比不上，这是很不正常的。本土所的业务收费太低了，有时审计费连往返路费都不够，而收费过低是非常不利于水平升级的。犹如工厂天天亏本卖货，就不能进行生产线更新换代和人才引进及员工培训，它的命运只能是倒闭，这是常识。我们会计这个行业与医生、教师等行业高度类似，即干同样的工作，收入却只有发达国家的几分之一甚至几十分之一。超低价格其实是中国企业和中国资本所享受的一项巨大的隐形福利。中国普通劳动者的奉献与牺牲是中国完成工业化的一个重要原因，历史会铭记这一切。为了我们国家能够向高端工业化不断迈进，我们也许应该想办法提高普通人的劳动收入。

[1] 引自《2000年北京房价降了》(《北京晨报》,2006年6月8日):"1999年上半年,北京新盘平均起价5 683元,均价6 347元。"

[2] 《合伙企业法》第一章第六节"特殊的普通合伙企业"第五十七条规定:"一个合伙人或者数个合伙人在执业活动中因故意或者重大过失造成合伙企业债务的,应当承担无限责任或者无限连带责任,其他合伙人以其在合伙企业中的财产份额为限承担责任。合伙人在执业活动中非因故意或者重大过失造成的合伙企业债务以及合伙企业的其他债务,由全体合伙人承担无限连带责任。"

[3] GDP和工业增加值的人民币数字来自国家统计局网站,美元和其他数据主要来自和讯网《中国工业增加值连续三年超美国成第一制造大国》(2013年1月20日),相关定量数据仅供参考。

[4] 企业数量截至2010年年末,引自前瞻产业研究院的《2018—2023年中国会计师事务所发展模式与竞争战略分析报告》,国家统计局统计数据显示2010年年末按行业类型分类的企业法人数量是651万,供参考。

第二十七章　回家的路

踏着沉重的脚步，
归乡路是那么的漫长。
当身边的微风轻轻吹起，
吹来故乡泥土的芳香。

——《故乡的云》

四大合作所中，安永华明、毕马威华振、德勤华永的合作办所于2012年到期，普华永道中天于2017年到期。回忆起来，其实最开始外方是想搞成员所的，也就是本土化的事务所，这是国际惯例，不过中方不同意，结果只能搞中外合作所，只是外方很快尝到了甜头，表示坚持"合作所"不动摇了。然而合作所办了将近20年，有一个难题一直无法解决，那就是掌握着四大合作所控制权的外国资深会计师参加中国注册会计师考试时成绩太差，一提起中国的注册会计师考试就悲痛欲绝。通不过考试就成不了中国注册会计师，成不了中国注册会计师，那么合作所的期限一到，自己合伙人的地位就难免丢掉。

本来，最开始设立合作所的时候外方就承诺过要尽快地实现本土化，多培养中国的合伙人和业务骨干。现在都快过去20年了，还是外方合伙人实际统治着四大合作所，中国合伙人没有几个。虽然当年在加入世界贸易组织的谈判中留下了开绿灯的条款（约定合作协议到期后协商），但明眼人能看出来，以现在的中国在世界上的国际地位，已经不可能再"容忍"四大合作所的外籍人士这么优哉游哉下去了。

怎么办？

财政部、证监会、中注协、原工商总局、商务部等十几家单位组成的"改制"领导小组于2011年1月成立。领导小组下设3个小组，并在财政部会计司设立了秘书处。这个小组最主要的工作，就是为即将合作期满的四大合作所后续运营提出一个解决方案。

四大合作所要变成由中国人自己控制的事务所，已经是箭在弦上，一触即发。

2012年5月2日，《中外合作会计师事务所本土化转制方案》正式公布，这是领导小组辛苦工作一年多的最终成果。其中，最终的解决方案算是各方均有让步的结果：合作到期后转制成为特殊普通合伙制，且有5年本土化过渡期。5年后，未取得中国注册会计师资格的合伙人在全体合伙人和管理合伙人中的比重均不超过20%，其中，境外合伙人的年龄不能低于40周岁，低于40周岁的鼓励（必须）通过考试取得中国注册会计师资格。还有最重要的一条是,首席合伙人必须具备中国国籍(含港澳台地区人士,但不得拥有其他国家的国籍)且具备中国注册会计师执业资格。

四大合作所也很配合,从最开始的调研,到转制方案的征求意见与方案执行,可以说完全顺应党和政府的要求。2012年7月,毕马威首先完成了特殊普通合伙的挂牌,然后其余3家都在年底前先后完成了转制。在这个过程中,由于绝大多数没有中国注册会计师资格的合伙人都不愿意退出,为满足重组方案的要求,四大合作所不约而同地大量提拔中方合伙人,结果中方合伙人数量大大增加,并逐步取得了"四大"的控制权。作为合伙企业最高权力机构的合伙人管理委员会中,中国注册会计师的比例在2014年3月就达到了71%,实现了反超。到了2015年8月,全部四大合作所的首席合伙人都已经更换为中国人,本土化的目标实质上已经实现。

几乎和本土化一同发生的,还有一件非常有意思的事情,那就是国内四大合作所拒绝向美国证券交易委员会(SEC)交出审计工作底稿并因此遭到美方起诉。

2012年5月9日,美国证券交易委员会发布公告,宣布起诉中国的德勤华永,因为德勤华永拒绝按照美国《证券法》和《萨班斯-奥克斯利法案》(第106条)等法律规定向美国证券交易委员会递交审计工作底稿,用于对一家在美上市的中国公司财务造假案件的调查。

这是美国证券交易委员会在历史上第一次起诉境外的会计师事务所。

2013年5月7日,中国证监会和财政部与美国上市公司会计监察委员会签署执法合作备忘录,约定美国上市公司会计监察委员会可向中国证监会和财政部提出要求,在一定范围内、履行相关程序后,中方可以为美方提供相应的审计底稿,这算是中美双方协商的一大实质性的进展。

2015年5月,财政部发布了《会计师事务所从事中国内地企业境外上市审计业务暂行规定》,规定如下:中国内地企业与为其提供境外上市审计服务的会计师事务所应当严格遵守《关于加强在境外发行证券与上市相关保密和档案管理工作的规定》(中国证券监督管理委员会 国家保密局 国家档案局公〔2009〕29号)。

中国内地企业境外上市涉及法律诉讼等事项需由境外司法部门或监管机构调阅审计工作底稿的,或境外监管机构履行监管职能需调阅审计工作底稿的,按照境内外监管机构达成的监管协议执行。

2011年和2012年是注册会计师行业快速发展的两年,整个行业的业务收入快速增加。大好形势之下,大家都在向前冲。2011年12月,京都天华与天健正信宣布合并,2012年6月正式更名为致同会计师事务所。2012年4月,五洲松联与华寅会计师事务所合并,新事务所更名为华寅五洲。2012年7月,国富浩华合并了深圳鹏程。这些都是百强所之间的合并,声势很大。

在国际化方面,本土所可谓不遗余力,其实现路径大体上分为四类:第一类是加入国际会计公司,保留自己的品牌,如中瑞岳华加入罗申美,这种最常见;第二类是舍弃自己的品牌,成为国际会计公司的一个或几个部门,如京都天华等大所加入致同,这种少一些;第三类是合并后最终分道扬镳,靠着与外方合作获得的经验和技术重新自立门户,开辟新天地,如利安达加入德豪后退出单干;第四类是完全靠自己,如浙江天健。整体而言,本土所的国际化还处于刚刚起步的阶段。

第二十八章 我心永恒

只有毅力和决心无往不利。

——洛克菲勒

2013年5月31日，一个让中国注册会计师无比振奋的消息传遍了财经圈。

这天上午，在第二届"京交会"的会计论坛上，本土会计师事务所"航母"瑞华会计师事务所正式成立了。当时和讯网的报道如下：

公开资料显示，瑞华会计师事务所（特殊普通合伙）2012年年度业务收入为28亿元，拥有9 000多名员工、2 600名注册会计师、23名全国会计领军人才、334名合伙人，多名合伙人担任财政部、证监会、国资委、中注协等的专家委员。

这是一家由中瑞岳华和国富浩华两家百强事务所强强合并而成的超大所，这么大的规模，进入事务所百强排行榜前四名那是板上钉钉的事情。"四大"牢牢盘踞中国事务所百强所前四名近20年的历史终结了！

让我们来看看两家事务所合并的公告原文：

> 为了积极践行做强做大"走出去"的发展战略，着力实现"规模化、多元化、国际化、信息化、品牌化"五化融合目标，更好维护国家经济安全、信息安全和金融安全，中瑞岳华会计师事务所（特殊普通合伙）、国富浩华会计师事务所（特殊普通合伙）在平等自愿、互利共赢、友好协商的基础上进行合并，并于2013年4月30日签订《合并协议》。
>
> 合并后事务所的名称为"瑞华会计师事务所（特殊普通合伙）"；合并后事务所沿用国富浩华的法律主体，中瑞岳华的人员和业务转入瑞华。合并前双方的债权债务由各自承担。
>
> 为稳妥推进合并工作，自2013年6月1日起，中瑞岳华、国富浩华将统一以"瑞华"的名义承接新业务，不再以原中瑞岳华、国富浩华的名义承接新业务。
>
> 中瑞岳华在2013年7月1日前完成注册会计师转所工作，在2013年8月31日前向北京市财政局上交执业证书，向财政部、证监会上交证券期货相关业务许可证。
>
> 特此公告。

第二十八章 我心永恒

业内人士指出,这次合并最主要的原因是中瑞岳华想保留十几家央企大客户不流失,财政部和国资委规定央企聘请会计师事务所最多可以连续审计8年(还得是百强所前15名,否则是5年),期限马上就要到了,不合并、不改名不行。

这些都是实话,现实中人们的重大决定,往往都是由多种原因促成的。但我们也相信合并公告中的文字是发自真心的。

没有这份真心,这两个国内顶级大所是不可能完成合并的。

这是一次异常艰难的合并。不过相对于艰辛漫长的合并谈判,我对瑞华首席合伙人杨剑涛和中瑞岳华的当家人顾仁荣倒是更感兴趣一些。这两位都是中国注册会计师中的佼佼者,虽然他们有着几乎完全不同的人生轨迹。

杨剑涛自己创办事务所,从小城市起步,一路走到首都,走到中国注册会计师舞台的中央,他的人生简直就是一部寒门子弟成功逆袭的励志剧。

杨剑涛,湖北人,生于1958年11月。他家境贫寒,父亲早逝,兄弟姐妹都是母亲含辛茹苦养大的。他18岁参军,刚参军时只是普通战士,后来因为上进心强和表现优良,被提拔为司务长。1981年他转业进入湖北宜昌制药厂,成为车间里的一名普通工人。因为积极提出合理化建议,他被调进财务处。之后数年,他一步步地奋斗到了财务副处长的位置。

1994年,36岁的杨剑涛辞职,创建了宜昌第一家民办会计师事务所——宜昌发展会计师事务所(以下简称宜昌发展)。这是一家只有8名员工的民办所,全部固定资产只有两个:打印机一台,摩托车一辆。这还不算,杨剑涛本人还不是注册会计师,注册会计师的资格是他在1996年2月才取得的。这样的条件敢下海办事务所,今天看来未免不可思议。更不可思议的是他提出的目标:"用10年时间实现业务收入5 000万元,成为一家有实力的会计师事务所。"

不过我估计杨剑涛没当自己是吹牛,他要真刀真枪地干。新办事务所,生存是第一要义,作为民办所就更是业务至上。为此,他带领员工走遍宜昌的企业和学校,到处寻找客户和项目。功夫不负有心人,事务所的收入从1995年到1998年增长了7倍。也就是在1998年,全国事务所都在搞脱钩改制,宜昌发展趁机与宜昌市财政局下属的原宜昌会计师事务所合并,成立了湖北发展有限责任会计师事务所(以下简称湖北发展)。1999年年底,杨剑涛将事务所迁入武汉,他要给事务所一个新的发展空间。2001年,湖北发展与武汉竞江合并,成立湖北发展竞江会计师事务所。2003年,事务所进入全国事务所百强榜,列第61位。是年春,杨剑涛带队在北京设立分所,当年9月,他将事务所更名为北京亚洲会计师事务所(以下简称北京亚洲)。2004年,北京亚洲在全国会计师事务所百强榜上排名第41位。这意味着除了业务收入离5 000万元尚有距离(1年后即达到了5 781万元),杨剑涛10年前下海时定下的其他目标已经实现。

2008年,北京亚洲与万隆合并成立了万隆亚洲会计师事务所(简称万隆亚洲),同时取得了证券、期货审计资格,这是一场标准的"上市变身"。2009年,万隆亚洲与北京五联方圆以及中磊(总部及3家分所)合并成立了国富浩华会计师事务所;2010年再接再厉,国富浩华完成特殊普通合伙改制,取得H股审计推荐资格,全年收入超过7亿元,在2010年公布的百强所排行榜排名第7位(依据2009年业务数据排名),在本土所中排名第3位。

杨剑涛注定还要继续走下去。他决定与更大更强的本土所——中瑞岳华联合。在这里,他遇到了人生最大的合作伙伴,可能也是最大的竞争对手:顾仁荣。

顾仁荣,江苏武进人,与谢霖算是同乡。顾仁荣生于1962年,中央财政金融学院(现中央财经大学)财政专业毕业,可谓出身名门。他进入注册会计师行业的开端就是进入国家税务总局下属的中瑞会计师事务所。但是,他的野心比起杨剑涛来并不小。

顾仁荣曾先后在财政部和国家税务总局任职12年,职务做到了国家税务总局政策法规司法规处副处长、行政复议处副处长。顾仁荣这样含金量十足的履历在全国注册会计师中非常稀有。1996年,顾仁荣离开国家税务总局,主掌处于亏损状态的中瑞会计师事务所。他为自己定下的目标是，把中瑞所建设成为全国前 10 名的大所。1998 年 3 月，中瑞所与国家税务总局脱钩，成为全国第一家完成脱钩改制的部属事务所。2000 年 1 月 1 日，中瑞所与财政部下属的中华所合并，成立中瑞华会计师事务所。2001 年 10 月 1 日，中瑞华与中恒信合并，成立中瑞华恒信会计师事务所；2006 年，中瑞华恒信在全国百强所排行榜上位列第 10 名，顾仁荣 10 年前为自己定下的目标变为现实。

这只是一个新起点。2008 年 1 月 1 日，中瑞华恒信与岳华合并，成立中瑞岳华会计师事务所，当年成为本土第一大所（成立后指标排名从 2007 年起计算）。2008 年至 2012 年，中瑞岳华分列全国百强所排行榜的第 5 名、第 5 名、第 5 名、第 5 名、第 6 名，除了排在前四名的"四大"和与自己争夺本土所第一名的立信，中瑞岳华傲视群雄。

百尺竿头更进一步。两位强人、两大强所因为共同的目标走到一起，他们共同开启了中国会计史上规模最大的一次合并行动。

如杨剑涛所言，合并谈判异常艰难。无他，蛋糕越大，越是难以分割，所有权分配历来是所有合并收购的核心难题，容不得马虎大意。两大所的合伙人制度最终以国富浩华为蓝本，334 个合伙人，每个合伙人出资 30 万元，一共出资 1 亿元作为注册资本。合伙人会议为最高权力机构，决议方式为一人一票。管理合伙人由合伙人会议选举产生，共计 13 人。最终的分配结果是，杨剑涛做首席合伙人，顾仁荣做主任会计师，两个人都是瑞华执行事务合伙人。管理合伙人委员会中，中瑞岳华和国富浩华各 6 人，还有 1 人是不久前从利安达出走进入国富浩华的合伙人姜波。

对于这种绝对平均主义的出资模式和决策机制，顾仁荣表示自己对于特殊普通合伙制度的理解过于"浅薄"，产权制度设计严重不合理，它最终导致了瑞华内部剧烈的控制权斗争：4 年之后的 2017 年年末，在瑞华合伙人管理委员会的换届选举中，顾仁荣竞选失败，未当选为管理合伙人。第二年，顾仁荣带领多个合伙人团队离开瑞华进入信永中和，还有其他合伙人团队也转入天健、致同等其他事务所，瑞华为此经历了一次大分裂。

不过此时，一切还欣欣向荣。

2013年7月8日,会计师事务所百强榜正式公布,瑞华会计师事务所2012年综合总分排名第三,把毕马威挤出了前四,改变了本土所前四无名的历史。

2013年,瑞华实现总收入31.28亿元(事务所本身收入27.76亿元),在2014年公布的事务所百强榜中综合总分排名保持第三。

2014年,瑞华实现总收入33.65亿元(事务所本身收入30.62亿元),在2015年公布的事务所百强榜中综合总分排名第四(总收入排名第二)。

2015年,瑞华实现总收入42.79亿元(事务所本身收入40.30亿元),在2016年公布的事务所百强榜中综合总分排名第二(总收入排名第一)。

瑞华的创立,打破的不只是中国会计行业的格局,它的体量太大,已经使得整个世界的会计格局产生了微妙的变化。这个变化演绎了一个非常具有戏剧性的事件——两大国际会计公司争夺瑞华。

这两个国际会计公司一个叫国富全球,一个叫罗申美。它们实力虽然不如"四大",但是都常年稳居国际会计网络前10名。2013年,罗申美排名稍稍靠前,居第7位,国富全球排名第9。瑞华的出现给两个巨头出了个大难题,因为国富全球的中国成员所是国富浩华,罗申美的中国成员是中瑞岳华。两家事务所合并为瑞华后,瑞华算是谁的成员所呢?瑞华这么大的盘子,发展前景无限光明,谁也不敢丢啊。于是,两家巨头全力开始了公关工作,说什么也不能让"瑞华"这只煮熟的鸭子飞了。瑞华的做法是脚踏两只船:合并后原来属于国富浩华的那些部门还是算国富全球的,原中瑞岳华的部门还算是罗申美的,先过渡。这种做法不符合财政部和中注协关于国际所在国内只能有一家成员所的有关规定,所以瑞华受到了不止一次的批评教育,但是瑞华就是坚持不改。

但是两个巨头可受不起,到了2014年10月,国富全球出了"王炸",将杨剑涛和查尔斯·艾伦(Charles Allen)一同任命为国富全球联席主席。这个举动史无前例。要知道,中国人第一次进入国际大型会计巨头的董事会还是在2010年。

罗申美这边也急了。2015年11月,罗申美把顾仁荣任命为全球董事会董事,加上之前董事杨力强(瑞华管理委员会成员),罗申美的董事会中有了两个中国人。其实这不算什么,在这之前2个月的董事会,罗申美作出重要决定:2015年10月26日在全球统一品牌,所有成员所均采用"RSM(罗申美)+国名"的名称并启用新标识——中国除外。

  合并是一把双刃剑。没有快速的合并,就上不了规模,就无法迅速做大,就会被别人远远甩下。而只有做大,才有可能迅速做强。但是任何企业规模的快速扩大都是一件高度危险的事情,产权和权力的分配与安排、治理结构和管理体系的变革与融合、业务类型和客户资源的梳理与调整、公司战略和企业文化的制定与认同等,任何一个方面出现问题,都可能造成合并的目标难以达成,甚至让合并后的企业陷入困境。而会计行业更加特殊,作为一个高风险行业,其规模的迅速扩大带来的是风险的迅速扩大。对于中国的会计师事务所而言,大多数的合并都没有实现"四大"级别的高度一体化、信息化、专业化、内部治理的科学化,而这一切的后果是几十个、几百个企业各自为政,项目质量难以控制,业务水准更难升级。况且很多时候,为了规模的迅速扩大,合并时难免急于求成,再加上所有合并都无法回避所有权斗争,因此合并失败导致严重后果的案例并不少见。

第二十九章　中流击水

雄关漫道真如铁，
而今迈步从头越。
从头越，
苍山如海，
残阳如血。

——毛泽东《忆秦娥·娄山关》

人要是倒霉，喝口凉水都会塞牙。

2014年，日子本就难过的小型会计师事务所遭遇了重大利空——验资业务（验证企业设立出资或增资情况）基本没了，工商年检中财务报告审计业务（以前也叫验资）也几乎没有了，让人欲哭无泪。

这两项业务消失的主要原因是公司登记制度和企业年检制度的改革。2014年3月1日，新的《公司法》《公司登记管理条例》实施，加上2月7日国务院发布的《注册资本登记制度改革方案》，3部法律法规推出了两个重要举措：

一是注册资本认缴登记制代替实缴登记制，实收资本不再作为工商登记事项，公司登记时，无须提交验资报告（除了银行、保险等特殊行业的公司）；

二是将企业年度检验制度改为企业年度报告公示制度。

注册资本认缴登记制的实行，实际上取消了验资。

企业年度报告公示，实际上等于宣布中小公司可以不再进行年度财务报表审计。以前受原工商局管理，中小公司不得不接受年审，现在其是否对财务报表进行审计全凭自觉。

中小所如果还想活下去，出路无外乎三个：

一是加入大所；

二是扩展税务审计、代理记账、管理咨询之类的新业务，而这要与税务师事务所、代理记账公司、管理咨询公司进行竞争，困难重重；

三是多和政府部门与事业单位、高新技术初创公司联系，开发专项审计、高科技企业认定等特定业务。

无论如何，中小所要想活下去，打造核心竞争能力已迫在眉睫。而要想打造核心竞争能力，就需要招揽优秀的注册会计师及其他人才，这个要求对于小所来说真的很难办到。比如在薪酬方面。根据2015年财政部会计司发布的《中国注册会计师行业发展报告2014》，2014年非证券所经理的年平均薪酬是8.8万元，平均每月只有7000多元。这还是40家证券所之外全国所有大中小所的均值，中小所肯定远低于此数。经理这个职务一般都由具有注册会计师资格的骨干人员来担任，他们怎能忍受这点工资？

能人干大事。天健会计师事务所的掌门人胡少先算是一个能人。

2015年3月11日，胡少先执掌下的天健所创造了历史。这一天，北京春立正达医疗器械股份有限公司在香港成功上市，获得了373倍的超额认购，承接这个IPO审计业务的天健所创造了一个里程碑：由内地注册会计师担任申报会计师并签字，执行内地审计准则，使用内地会计准则编制财务报告的H股IPO审计获得成功。这是中国注册会计师的一小步，是中国会计行业国际化的一大步。

还记得2004—2005年被德勤收购的天健集团吗？往事不堪回首。当年集团中的7家成员所如今天各一方，各有归宿。北京天健、深圳天健接连"卖身"于德勤，活得挺滋润；厦门天健"卖身"不成功，后和重庆天健一起最终"委身"于致同[1]，也算不错，何锡麟并入信永中和，业务蒸蒸日上；辽宁天健另立门户，与安徽华普合并组建了华普天健，靠着证券资格混得也不算差；唯一举着天健大旗不撒手的是浙江天健。

浙江天健扛着民族品牌的大旗，5年就成了一个拥有H股审计资格的全国大所，业务收入和综合排名飞速上升，发展速度快到令人咋舌。尤其是2009年，浙江天健先后合并浙江东方和开源信德（当初未进入德勤的那部分深圳天健就在其中）两个大所，同时将浙江天健中的"浙江"两个字拿掉，复立"天健"。这一年，天健还在中国香港和台湾地区发展了两家成员所。等到2010年年底，H股资格争夺战尘埃落定，人们惊奇地发现，在首批8家获得H股资格的本土所中，天健所作为唯一一个没有加入过国际会计公司（或网络）的本土所，竟然也在其中。这要是在5年前，打死也不会有人相信这是真的。

天若有情天亦老，人间正道是沧桑。胡少先和天健这一路走得异常坎坷。

胡少先1963年出生于浙江金华。按照他自己的说法，他考大学最大的目的是把农村户口变成城市户口。上大学（或中专），几乎是那个时代农村出生的孩子改变命运的唯一途径,至于更高的理想,一些农村孩子不敢奢望。1981年高考时,胡少先以454分成为金华的状元,但这个成绩并没有使他进入大学,因为他报考的是浙江水利电力学校,这所学校当时是中专。他的选择和我当年的选择一样(我是90年代中期初中毕业时报考中专),我能理解。我也来自农村,我当年的校长因为我报考中专,把我叫到办公室骂了一个多小时,而我只能低着头默默无言。作为农家子弟,进入费用低、学制时间短、毕业包分配的中专,是一个高度理性的无奈选择。不要小看当年的中专生,尤其是20世纪80年代前中期的中专生(90年代初开始逐渐没落了)。那时中专不但包分配,而且多是分配到国企、政府机关、事业单位等热门单位,还可以连带着解决户口。因为眼睛近视,胡少先没有进入自己报考的浙江水利电力学校,最终他被浙江财经学校财政专业录取。

两年后,胡少先以全校第一的成绩顺利毕业,被分配到了浙江省财政厅。几个月后的1983年12月,他被调入财政厅新成立的浙江会计师事务所工作。1987年,他又回到财政厅办公室任职。1992年,他被任命为浙江会计师事务所副所长,成为当时浙江省财政厅最年轻的处级干部。他之所以能获得这个职务,是因为他在浙江省首届会计专业自学考试中成绩排名第一,且在首届全国注册会计师考试中取得了全省第一名的好成绩。

1998年,浙江会计师事务所脱钩改制,成立浙江天健会计师事务所,胡少先作为事务所的元老,担任董事长兼总经理。2000年,天健集团成立,成为本土所的旗舰。不过好景不长,在香港何锡麟会计师行刚刚加入天健集团1个多月,天健集团走向瓦解,2005年,两家天健成员所并入德勤,天健集团成为历史。此后,胡少先独扛天健大旗不倒,在几年间逆风翻盘,业务量猛增。2009年,天健开启了国际化进程。2012年,天健分别与美国科罗拉多州最大的事务所EKS&H和比利时VGD事务所建立合作关系。

2016年,天健在新加坡成立了天健新加坡会计师事务所,算是真正开启了自己的国际化品牌之路。天健、信永中和、利安达是仅有的创立了自己的国际会计品牌的本土所。到了 2018 年,天健、信永中和和利安达分列国际会计公报 IAB 公布的国际会计网络排行榜的第 21 名、第 20 名和第 24 名,成为本土所国际化做得最好的事务所之一。

但是,胡少先十分清醒,他知道天健与"四大"的差距还是巨大的。他在天健 2016 年年会上说,在国际化方面,天健远不及成员所遍及全球的"四大"。在内部管理的信息化、专业化,内部治理的信息化、内部管理规范化(一体化)等方面,天健与"四大"也存在很大的差距。这是一个多年奋战在行业最前线的注册会计师老将的真实经验与感慨。他对采访他的《财经与会计》的记者说:"天健的首要任务就是培养人,合伙人培养更多的合伙人,经理培养更多的经理,天健的事业需要有人接班。男合伙人 60 岁退休,女合伙人 55 岁退休,连股份一起退,给年轻人希望和盼头。"

这样的胸襟让人感动,尽管我觉得这样的退休规定有些"一刀切"。无论进行什么样的制度设计,有一点是肯定的:未来是属于年轻人的。尤其是在会计行业,年轻人更是绝对的主力。谁能培养更多、更优秀的年轻人,最终的胜利就必定属于谁。

---

[1] 简要过程如下:2006 年厦门天健与华证、北京中洲光华合并,成立天健华证中洲,2008 年 7 月更名为天健光华。2008 年 11 月 29 日,天健光华吸收合并了厦门天健。2009 年 8 月 28 日,天健光华与中和正信(除分立加入信永中和业务部、分支外)合并,更名为天健正信。2011 年 11 月 29 日,天健正信与京都天华(致同国际成员所,那时候中文名还是均富国际)合并,不过我认为说天健正信加入均富国际更准确些。

第三十章　沧海横流

在科学的入口处，正像在地狱的入口处一样，必须提出这样的要求："这里必须根绝一切犹豫；这里任何怯懦都无济于事。"

——卡尔·马克思《〈政治经济学批判〉序言》

2016年6月21日,瑞华遭受了其成立以来最严重的处罚。因为拒不配合中国银行间市场交易商协会(以下简称交易商协会)查阅云峰集团审计底稿的要求,交易商协会公开谴责瑞华,责令瑞华及时改正,并暂停其相关业务一年。

瑞华表示严重不服,几个小时后就在官网上公开发文表示强硬反对(节选):

上述做法及相关决定是极为草率和不负责任的,也是我所根本不能接受的。

为维护债券市场的公平正义,维护注册会计师行业尊严,我所将通过司法途径主张自身权利,挽回由此带来的名誉及经济损失。

财经圈立刻吵翻了天,包括法律界也掺和进来,支持瑞华的和支持交易商协会的两派在互联网上吵起来了,不过支持瑞华的一方明显占优势。

这里简明扼要地说一下这件事情的来龙去脉。

按照瑞华为绿地控股(绿地控股集团有限公司的简称)出具的2015年9月的发债审计报告中披露的信息,绿地控股控制下的云峰集团2013年净亏损约4.95亿元,按照这个结果,云峰集团不符合发债的条件。

按照立信会计师事务所给云峰集团出具的2013年审计报告中披露的信息,云峰集团2013年的净盈利约为1.76亿元,这个结果符合发行债券的条件(之一)。2015年6月,瑞华为绿地控股借壳上市出具重大重组审计报告时,有关云峰集团的财务数据引用了立信的这个2013年的审计报告。

发行了债券的云峰集团在2016年年初大规模违约,未能及时兑付,债权人惊奇地发现了这个致命的"差异",逼着云峰集团、债券主承销商和交易商协会对这个事情给个说法。交易商协会调查案子向瑞华要求调阅相关审计工作底稿,瑞华以不是云峰集团发行债券的申报会计师(不是当事人)且没有经过客户绿地控股同意为由,拒绝了交易商协会的请求,交易商协会于是对瑞华进行了重罚。

两个月后,"愣头青"瑞华最终还是"醒悟了"。2016 年 8 月 20 日,瑞华在官网发布了接受交易商协会"公开谴责批评,并按照要求进行了整改"的公告,算是正式认怂。

大家都偃旗息鼓了,主角都低头认罪了,还争个什么劲?

对于瑞华来说,这个处罚很重,债券业务对于证券所而言绝对是一个重要业务,一年不做损失巨大。但是祸不单行,很快就有了更坏的消息。

2016 年 12 月,因在键桥通讯 2012 年财报审计过程中未勤勉尽责,瑞华被中国证监会深圳监管局处罚;2017 年 1 月,因在亚太实业 2013 年财报审计过程中未勤勉尽责,瑞华被证监会处罚;2017 年 3 月,因在勤上光电 2013 年财报审计过程中未勤勉尽责,瑞华被中国证监会广东监管局处罚;同月,瑞华事务所因在振隆特产 IPO 财务造假案中未勤勉尽责,瑞华再次被证监会公告处罚。

最重的处罚不是上面这些,而是 2017 年 2 月 14 日财政部会计司和证监会会计部联合下发的处罚通知。该通知决定:瑞华自 2017 年 1 月 6 日起暂停承接新的证券业务,限期两个月内整改完毕。处罚原因是瑞华在 2016 年 12 月(键桥通讯)、2017 年 1 月(亚太实业)被监管部门处罚两次,依据 2012 年《关于调整证券资格会计师事务所申请条件的通知》的规定,两年被处罚两次及以上,就触到了"两年两单"的红线。

瑞华作为本土所的头牌,如此频繁地被处罚令人议论纷纷。有专业人士认为瑞华的内部控制存在重大缺陷,事务所内部良莠不齐,各自为政。

这些话都对,但这几乎是全国一些大型所的通病。瑞华已经向着一体化、规范化的方向努力了,质量控制也是可圈可点,不说最好,至少不算是最差。但在快速合并之下,一体化和规范化谈何容易。

深圳鹏程(全称为深圳鹏程会计师事务所),其前身是 1992 年 4 月成立的深圳市审计师事务所,具有证券期货审计资格,在北京、上海、山东、广州及香港均设有分所。该所多次被证监会等监管部门处罚,涉及"绿大地"财务造假、彩虹精化虚假合同等多起大案要案。由于劣迹斑斑,该所甚至曾经被33家事务所联名状告到证监会。

而在2012年,蒸蒸日上的国富浩华出人意料地吸收合并了风雨飘摇的深圳鹏程(2013年深圳鹏程被吊销了证券资格),后者2011年年末94个客户中有60个转入国富浩华。第二年,国富浩华和中瑞岳华合并成立瑞华。

键桥通讯、勤上光电都是从深圳鹏程转来的客户。振隆特产IPO也是深圳鹏程带入国富浩华最终转入瑞华的。这些"不老实"的客户把瑞华坑苦了。

写到这里,想问大家一个很简单、很实际的问题:什么样的措施能最大限度、最有效地减少审计失败,控制审计风险?

老审计的回答是:拒绝劣质客户,不论给多少钱都不接。

我估计这个回答会令很多普通读者感到意外。控制审计风险最有效的方式,不是全面完善的质量控制体系,也不是优秀的审计团队,这些很有用,但并非根本。远离劣质客户才是最重要的质量控制。之所以"四大"和本土所相比出事的情况少很多,一个最重要的原因就是"四大"选择客户要比本土所谨慎。

"君子不立于危墙之下,焉可等闲视之?"

深圳鹏程带给瑞华的这些处罚都不过是"前菜",一年多后,康得新、华泽钴镍(原来的聚友网络)财务造假案爆发,这两个由深圳鹏程所带来的老客户(尤其是康得新)最终令瑞华陷于绝境。客观地说,当年国富浩华吸收合并臭名昭著的深圳鹏程,有一些因素并不在国富浩华的控制范围内。

4个月后的2017年6月,内资第二大所立信也触犯了"两年两单"的红线,被证监会处罚暂停了期货证券资格,限期整改。

这时,很多人要求修改"两年两单",觉得这种处罚太严厉了。大型事务所因为审计客户众多,很容易被处罚,故很多人希望能够放宽处罚标准。

那是不可能的,证监会对于证券所的监管越来越严厉。

2018年3月8日,证监会终于推出了"大杀器"。

这一天,证监会第138号令对外公布《关于修改〈中国证券监督管理委员会行政许可实施程序规定〉的决定》（以下简称138号文），138号文的规定于2018年4月23日实行。138号文中最具争议性的第十五条和第二十二条的规定大意如下：券商和会计师事务所等证券服务机构及其从业人员一旦在证券业务中"犯事"，被立案或司法调查（包括证监会及其派出机构调查），证监会对该事务所的同类证券业务一律叫停。

以前是犯案定罪之后才"连坐"，现在是只要有嫌疑，整个事务所就要一同被处理。

很多业内人士忧心忡忡：这个138号文是不是严厉得有些过分了？真要按照138号文来，证券公司和会计师事务所、律师事务所等中介机构势必迎来一次大地震，重新洗牌在所难免。

2018年6月12日，138号文的威力终于开始显现：

证监会暂停接收立信、众华、瑞华、北京兴华、致同、大华等6家会计师事务所首发上市和再融资材料。

这是一条几乎占据了所有财经媒体头条的大新闻。

中国的会计行业是要"变天"了。这6家事务所可都是行业中的"排头兵"。尤其是立信、瑞华、致同和大华4家事务所，按照2017年收入排名分别列在百强所排行榜第3、第6、第8、第9，十强所一下子"沦陷"了40%。数以百计的拟上市项目和再融资项目（实际上还包括其他重组等项目）被拒之门外，证监会这是铁了心要收拾那些"不老实"的事务所。

会计师圈里大部分人的意见是，证监会和财政部的初衷是好的，执业质量是事务所永远的生命线。

2018年7月10日，证监会发文[1]对138号文中的"同类业务"作出了解释："证券服务机构在非行政许可事项中提供服务的行为，不属于《行政许可实施程序规定》调整范围，不适用《行政许可实施程序规定》第十五条、第二十二条'同类业务'的有关规定。"这条规定实际上是说"年度会计报表审计"不属于同类业务，因为它不需要行政许可，所以可以排除在138号文规定之外。

不过6家事务所没有高兴几天，2018年7月13日，证监会又为"同类业务的解释"打了个补丁。证监会发言人指出:"证券公司、证券服务机构及其从业人员涉嫌违法违规被立案调查,或者被司法机关侦查尚未结案的,即使涉案行为与其为申请人提供服务的行为不属于同类业务,但对市场有重大影响的,证监会也将依法不予受理,或中止审查其出具的行政许可的申请文件。"

证监会的意思很明确,要修改138号文来放宽监管已经不可能了,监管只能向着越来越严的方向发展。证监会如此强势也是事出有因。国务院早在2016年3月1日就正式授权证监会等相关机构进行股市的注册制改革,事务所证券审计资格的放开已经变成一个时间问题。对于40家具有上市公司审计资格的会计师事务所而言,自己的竞争对手马上要从39家事务所变成全国数以千计的事务所,缺了谁都不会影响中国股市的正常运转。而证监会是一个政府机构,其深知,宽松的监管手段根本震慑不了数以千计的事务所。

每一个事务所都已经清楚,要想活下去,那就必须加快自己前进的脚步,让自己强大起来是唯一的出路。

信永中和又一次作出了表率。

2016年10月7日,由信永中和作为IPO审计会计师事务所的招商证券股份有限公司(以下简称招商证券)在香港联交所主板成功上市,募集资金达到106.95亿港元,位居2016年度香港IPO前三位。这是本土所完成的第一宗大型金融企业H股上市业务。招商证券被列入中国十大证券公司,其2015年总资产和营业收入在全国证券公司中均列第8名。这一次信永中和能够完成这样的大单,标志着本土所在国际化和业务的高端化方面又向前迈出了一大步。以前都是本土所瞧着"四大"在金融行业的境外上市过程中大块吃肉,这一回,终于可以参与一次。这次合作的保荐人是摩根大通及摩根士丹利,也算开了先河。不过我更希望的是我国能拥有与高盛、摩根士丹利类似的顶级投行,希望中国的注册会计师能够和中国顶级投行携手,在国际资本市场为中国企业保驾护航。

如同20世纪80年代初,整个世界都没有料到互联网的发展和普及会给会计、审计、企业管理乃至整个人类社会带来如此大的颠覆和改变。如今,财务机器人、审计软件(将来必然有审计机器人)的出现和普及,已经让所有会计和审计行业从业人员产生"狼来了"的紧迫感。

这注定是一个失败者数十倍于成功者的战斗,绝大多数人终将黯然退场。

而那些千辛万苦通过了注册会计师考试然后满怀信心走上执业战场的幸运者,等待他们的将是无尽的考验。

这就是注册会计师的人生。

这是一个属于勇者和智者的职业。

在本书的最后,我想抄写一首小诗,送给所有想要成为注册会计师的读者。这首诗的作者是美国诗人罗伯特·弗罗斯特,诗名叫《未选择的路》。这里摘录的不是完整的原作翻译,而是刘慈欣在长篇科幻小说《球状闪电》中的缩写版本,我非常喜欢。

> 金黄色的树林里分出两条路,
> 可惜我们不能同时去涉足,
> 但我们却选择了,
> 人迹罕至的那一条,
> 这从此决定了,
> 我们的一生。

---

[1] 文件名称:《〈中国证券监督管理委员会行政许可实施程序规定〉第十五条、第二十二条有关规定的适用意见——证券期货法律适用意见第13号》。

后记

终于完成了这本书。

当2015年3月31日子夜,我下定决心写下这本书的第一个字的时候,我没有想到,这个决定会花上我上千个日日夜夜。更令我没有想到的是,我真的写完了这本书。

人的一生很短暂,能做的事情非常少。

完成这本书,算是我为数不多的能够做到并且最后也做到了的事情之一。

应该没有什么遗憾了。

这是一个伟大的时代。1978年出生、今年40多岁的我,有幸在这样一个时代出生、长大,学会养活自己,然后学会养活自己的家人,同时看着自己、自己的家人、自己的家乡连同整个国家发生翻天覆地的变化。而这种变化对我到底产生了什么样的影响,正如我选择了会计师这个职业一样,我自己事先无法预测,事后也无法准确统计。

在我看来,中国人是这个行星上最勇敢、最聪明、最勤奋、最富有进取心、最吃苦耐劳、最具创造力的人,他们的勇气、他们的雄心、他们的付出、他们取得的成就有目共睹。人类文明史鲜有如此艰苦卓绝、如此坚忍不拔、如此血泪交融、如此荡气回肠的逆袭和追赶。从农业文明到工业文明,中国人连续跨越了3次工业革命,中国抹去了与西方发达国家的文明代差。

中国人无愧于自己伟大的祖先，无愧于为民族解放和独立而牺牲的先烈，无愧于生养他们的古老土地，也无愧于哺育他们的母亲和挚爱他们的人。

可以说，我们已经见证并创造了历史，这是人类文明史上迄今为止最灿烂、最激情四射的一段历史。

更加幸运的是，我们的生命尚未止息，我们还可以继续为这段伟大的历史贡献自己的才智与力量。

从这个角度看，我们的人生还有什么遗憾？

当我垂垂老矣、行将就木的时候，我将用尽仅存的气力追忆自己短暂的一生，追忆波澜壮阔、风云变幻的时代。

我希望自己的所作所为、所言所思能够不留遗憾。作为一个中国人，我很庆幸我做了自己应该做的和能够做的。

2018 年 9 月 30 日写
2023 年 10 月 20 日改